Aprender a convivir escuchando cuentos

Vernieri, María Julia
    Aprender a convivir escuchando cuentos : relatos y textos
para promover la construcción de habilidades sociales en los más
pequeños / María Julia Vernieri.

1. Derecho a la Convivencia Familiar.

Director del área de Educación: Julio César Labaké

Corrección: Carla Ortiz Rocha
Diseño de cubierta: Paula Álvarez
Diseño de interiores: Natalia Siri

© Editorial Bonum, 2017

María Julia Vernieri

Aprender a convivir escuchando cuentos

Relatos y textos
para promover la construcción
de habilidades sociales
en los más pequeños

A los más chiquitos:
esperanza, ternura, alegría y sostén.

Índice

prender a convivir escuchando cuentos es una antología de cuentos, poemas, coplas, trabalenguas y adivinanzas. Fue pensada para ser utilizada como un recurso con los más chiquitos, fundamentalmente en la construcción de habilidades sociales.

Es mi esperanza que con la guía de docentes, padres, abuelos o adultos referentes, niños y niñas emprendan a través del relato, el juego sonoro y las palabras un verdadero viaje de intercambios, placer, representación y expresión de ideas y sentimientos que los ayude a crecer felices y comunicativos.

He seleccionado diferentes estilos literarios que, por la edad evolutiva de los destinatarios, son ideales para el desarrollo de la comprensión de textos, el lenguaje oral y la memoria. Estos fueron escritos con palabras sencillas y refieren a situaciones que, por su universalidad, van a ser fácilmente identificadas por los niños. Si bien los contenidos cuentan con un vocabulario acorde a la etapa que los más pequeños están viviendo, su escucha o lectura posibilitará un camino natural y placentero que promueva la ampliación y la apropiación de nuevos términos.

Estoy segura que a partir de la escucha o lectura de los cuentos, poemas, canciones, coplas, trabalenguas y adivinanzas seleccionadas, los niños y niñas podrán descubrir habilidades y valores y conocer y reconocer el lenguaje en forma divertida y entretenida.

Quiero agradecer a todos aquellos escritores, conocidos o anónimos, que a través de los tiempos y desde distintos lugares del mundo, me han emocionado desde mis primeros años de vida con su arte, y me hicieron partícipe de su obra al compartir su creatividad, sueños, humor y fantasías. Esta misma emoción es la que espero transmitir por medio de estas páginas a los más chicos con la seguridad de que con el paso de los años, esta va a ser transmitida también a sus hijos y a los hijos de sus hijos y a los hijos de los hijos de sus hijos…

María Julia Vernieri (MJV)

l objetivo principal de este libro es beneficiarnos de la posibilidad que nos dan las palabras como puntapié inicial para que a partir de la escucha o lectura de cada texto se facilite a los niños la construcción de las habilidades necesarias para afianzarse en el mundo. Las palabras no solo introducen en la lectoescritura, también promueven el aprendizaje y la valoración de la lengua oral y escrita como medio de expresión, comunicación y regulación de la convivencia.

Como pasa con cualquier material o recurso que utilicemos con los más chiquitos, es fundamental tener en cuenta que en principio los cuentos, poemas, adivinanzas, trabalenguas, etc. que les ofrezcamos deben entretenerlos y promoverles un estado de paz interior, alegría, sorpresa y dudas. La idea no es, entonces, pensar que estos recursos los van a educar en forma directa o les van a indicar lo que tienen que hacer o no, lo que está bien o lo que está mal; al apelar siempre a la fantasía, al humor y la dimensión lúdica que nos ofrecen las palabras y al placer por el encuentro mismo y la escucha. Cada escrito que se presenta ha sido seleccionado para que los niños puedan expresar sus ideas, conocer distintos puntos de vista, preguntar, comprender la humanidad en los otros, jugar a ponerse en lugar del personaje, imaginar distintos finales, relacionar causas y consecuencias, etc.

La literatura infantil sin ninguna duda nos brinda la posibilidad de acompañarlos gratamente en la interiorización y en el descubrimiento de aquellas habilidades sociales que les permitirán con el tiempo hacer propios los valores humanos, sociales y universales esenciales para la convivencia armónica y "el buen vivir". La amistad, el amor, la autoestima, la cooperación, el cuidado propio y ajeno, personal o del medio ambiente, el diálogo, la empatía, la honestidad, la igualdad, el respeto, la responsabilidad, la sensibilidad, la solidaridad, la ternura, la tolerancia y el coraje para enfrentar las dificultades pretenden estar presentes en cada página para ser descubiertos, por medio del juego sonoro, por los más chiquitos.

La idea es que cada adulto pueda:

1. A partir de las lecturas presentadas, motivar una charla que permita al niño o al grupo de niños expresar y comunicar sus saberes e hipótesis previas y conversar sobre temas que favorezcan:

- El descubrimiento de sentimientos y emociones propias y ajenas ante determinadas circunstancias.
- La expresión de sentimientos y emociones.
- El descubrimiento de reacciones propias y ajenas ante determinadas circunstancias.
- El descubrimiento de pensamientos ante determinadas circunstancias.
- El conocimiento, la aceptación y el respeto ante la diversidad.
- La promoción de la escucha activa.
- La promoción de la empatía.
- La consulta natural sobre temas de interés.

2. A partir de una situación puntual de enojo, alegría, miedo, consulta sobre algún tema determinado, conducta adecuada o no, etc. se utilice el texto que se considere más adecuado (según oportunidad y momento) para promover un diálogo enriquecedor y la expresión de sentimientos y emociones.

Si bien los textos se presentan dentro de una clasificación temática, muchos de los recursos presentados pueden ser utilizados en distintas oportunidades y por distintos motivos. La elección del recurso y el momento son decisión exclusiva de los adultos que conocen al niño o al grupo. El orden de presentación de los textos en este libro es puramente organizacional.

Homenaje a María Elena

(por MJV)

Hubo no hace mucho tiempo
por aquí, en Argentina
una señora muy buena,
mezcla de hada y abuela
a quien todos conocían
como doña María Elena.

Esta señora que cuento
amaba mucho escribir
y con versos y canciones
despertó mil emociones
y a muchos hizo reír.

¡Me contó tantas historias
de formas tan divertidas!

Andando y desandando sueños
en largas horas de infancia
fue alegrando mi vida.

No me acuerdo muy bien cuándo
pero por arte de hechizo
fue que conocí una tarde
alojada entre sus libros
al famoso *Mono Liso*.

Manuelita la tortuga
¿Quién la podría olvidar?
O al *Perro salchicha gordo bachicha*
que toma solcito
a orillas del mar.

Brujito de Gulubú
Reina batata, Vaca estudiosa
Gato que pes…
Estamos invitados a tomar el té
¡Otra vez!

Díganme, porfi, dónde buscarlos
¿En el país de no me acuerdo?
¿O en el Reino del revés?

¡Muchas gracias, María Elena!
Gracias una y otra vez…

Te prometo no olvidarte
y compartir tu mensaje
de alegría y buen humor:
"Desde este cielo de tierra
cuida el tesoro mejor:
Mucho, mucho, mucho amor".

Recursos para trabajar la comunicación y expresión de emociones y sentimientos

¿Por qué trabajar la comunicación y expresión de emociones y sentimientos con los más chiquitos?

Uno de los problemas más graves que afrontamos los seres humanos está vinculado, sin ninguna duda, a la dificultad para comunicarnos en forma eficiente y para poder expresar lo que nos pasa. Emociones básicas como la alegría, el enojo o ira, el miedo, etc. nos acompañan toda la vida determinando, muchas veces accionares que mejoran o dañan la calidad de nuestra existencia.

En los primeros años de la vida, la expresión de estas emociones surgen como consecuencia de las experiencias que el bebé va viviendo, y se van construyendo modelos de expresión de acuerdo a las respuestas que provocan en las personas que lo rodean.

Con cada gesto, cada respuesta, cada palabra de nuestros adultos referentes, vamos aprendiendo qué emociones nos conviene expresar, en qué momento, con quiénes sí y con quiénes no, y vamos cimentando modelos personales de comunicación.

Durante muchos años, se ha creído que no era bueno mostrar lo que uno sentía y aún hoy, en muchos casos, seguimos transmitiendo esta idea que en numerosos aspectos puede limitar y obstaculizar el contacto genuino con los otros. Al brindar esta posibilidad a los niños y al enseñarles a hablar y compartir lo que creen, lo que les pasa y sienten, y a expresarlo en forma respetuosa y empática, les estamos regalando una herramienta que sin duda alguna va a ser de utilidad durante toda su vida.

Franz y Juan
(cuento en verso de MJV)

Franz el oso y Juan el mono
caminaban sin cesar
sin prisa, pero sin pausa
porque querían llegar
del otro lado del lago
buscando a Felicidad.

Mientras a paso marchaban,
cantando y vuelta a cantar
se encontraron una ardilla
y la quisieron llevar.

La ardilla se fue con ellos
previo aviso a su mamá.

Caminando y caminando
la noche se hizo anunciar
con una Luna redonda
contenta por alumbrar.

La Luna siguió sus pasos
en su alegre y dulce andar.
Franz el oso, Juan el mono
y la ardilla, sin parar,
invitaron a la araña
y al conejito Gaspar.

En el puente de colores
ya cercanos a llegar
se sumó al grupo un hornero,
el Sol comenzó a brillar
y cuatro o cinco pichones
no dejaban de piar.

Todos juntos, muy cansados
por horas de caminar
se sentaron a la sombra
de un frondoso membrillar.
Mirando hacia todos lados
sin saber dónde buscar
cada uno preguntaba:
¿Dónde estás, Felicidad?

Y fue entonces cuando el viento
con su sabio bambolear
les dejó oír un susurro
que a todos quiso enseñar:

La felicidad, amigos
se encuentra en todo lugar
donde haya una mano amiga
dispuesta para ayudar,
un corazón sanito con ganas
de dar y amar
y un deseo en el camino
que nos permita soñar.

Las llaves de la felicidad
(cuento anónimo oriental)

— ¿Me contás otro cuento abuelo?

— ¿Otro más? ¿No es muy tarde ya, Juanchi?

— ¡Dale! ¡Porfi! ¡El último abuelo! Uno más y me duermo.

— Bueno, está bien… El último por hoy…

— Hace mucho pero muchísimo tiempo se reunieron los dioses de todas las antiguas culturas.

— ¿Los dioses? ¿Qué dioses? ¿Cómo dioses…? —Preguntó Juanchi—.

— Es solo un cuento, una historia anónima.

— ¿Anónima?

— Sí. Esto quiere decir que no se sabe quién la escribió. Fue contada por abuelos, abuelas, papás, mamás, tíos y tías… a muchos chicos en todo el mundo. Yo te la cuento tal como siempre se ha contado…

— ¿Y qué hicieron esos dioses?

— Los dioses de este cuento tenían que tomar una gran decisión, pero no podían ponerse de acuerdo. Necesitaban decidir cuál sería el lugar para guardar las "llaves de la felicidad". En algo sí estaban todos de acuerdo: no tenía que ser un lugar que las personas encontraran sin esfuerzo:

— Las esconderemos en lo más profundo del mar —dijo uno de ellos—.

— ¡No! —contestó otro—. Seguramente, las personas no tardarán en utilizar su ingenio y su ciencia para llegar al fondo de los océanos y podrán encontrarlas sin problemas.

— ¿Por qué no las escondemos en las entrañas de la tierra?

— ¡No sería conveniente! —contradijo uno de los dioses—. No va a pasar mucho tiempo para que los hombres escaven dentro de la tierra para encontrar piedras preciosas y riquezas.

— Entonces, adentro de un volcán. —Agregó el compañero que estaba a su lado—.

— Yo creo que si pueden escavar las piedras o ir al fondo del mar, también van a poder dominar el fuego de los volcanes.

— ¡Escondámoslas bien alto entre las nubes!

— ¡Eso sí que sería una tontería! ¿Cuánto creen ustedes que podrán tardar los hombres y las mujeres en querer volar como los pájaros?

— Se hizo un gran silencio, los dioses se miraban unos a otros sin saber qué más decir… En ese momento, ingresó a la sala, donde estaban todos reunidos, el más pequeño de todos los dioses. Se había quedado jugando y no había prestado atención sobre que la reunión ya había comenzado.

— ¿Qué pasa? —les preguntó—. ¿Por qué tienen esas caras?

— No podemos ponernos de acuerdo sobre dónde esconder las llaves de la felicidad…

— Ah, ¡pero eso es re fácil! Pensé que pasaba algo grave…

Los dioses lo miraron sorprendidos…

— Hay un lugar especial, un rinconcito en el cual solo los hombres más sabios podrán encontrarlas rápidamente.

— ¿Cuál? ¿Dónde? ¿Qué lugar? Comenzaron a preguntar todos con mucha ansiedad.

— El interior de su corazón —dijo el pequeño sin parar de reír—. Solo el hombre bueno y sabio va a poder encontrarlas sin dificultad.

De colores

(canción popular española)

De colores,
de colores se visten los campos
en la primavera.

De colores,
de colores son los pajarillos
que vienen de fuera.

De colores,
de colores es el arcoiris
que vemos lucir…

Y por eso los grandes amores
de muchos colores me gustan a mí.

Canta el gallo,
canta el gallo con su kiri, kiri,
kiri, kiri, kiri.

La gallina,
la gallina con su kara, kara,
kara, kara, kara.

El polluelo,
el polluelo con su pio, pio,
pio, pio, pa.

Se arma un lío con el
kiri, kiri, con el kara, kara,
con el pio, pa.

El patio de mi casa
(poema anónimo)

El patio de mi casa
es muy particular.
Se moja cuando llueve
igual que los demás.
En este patio mío
todos por igual
pueden reír, bailar y cantar.
El patio de mi casa
es muy particular.
Se moja cuando llueve
igual que los demás.

Enanitos
(Germán Berdiales)

Cuando está la luna
sobre el horizonte,
muchos enanitos
juegan en el monte.

A las esquinitas
y a la rueda, rueda,
juegan los enanos
bajo la arboleda.

Muy blanca la barba,
muy rojo el vestido,
los enanos juegan
sin hacer ruido.

Y así, como blandos
ovillos de lana,
por el monte corren
hacia la montaña.

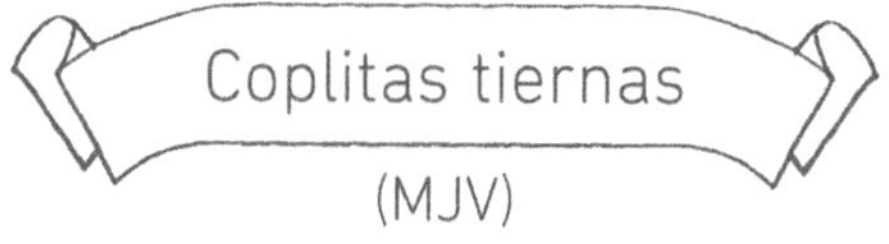

(MJV)

En mi mochila de sueños
guardo desde que era chiquito
abrazos, caricias, mimos
masajitos y besitos.

Hay palabritas mágicas
que ayudan a vivir mejor:
permiso, gracias, de nada…
Perdóname y por favor.

Sonrisas de luna llena
momentos para jugar
piernitas que corren fuerte
y manitos para dar.

Quisiera ser un rey mago
para poder regalar
a cada niño del mundo
un paquetito de paz.

Había una vez una mariposa
que se llamaba Posa.
Sus alas que eran hermosas,
tenían puntitos de color rosa.

Había también una nena
que jugaba con su osa.
Con trenzas negras y largas
y dos moños tan brillantes,
que la mariposa Posa
los confundió con diamantes.

Quiso un sueño que una tarde
hundidas en plena siesta
se encontraran nena y Posa
bailando en una fiesta.

Creyendo que eran dos joyas
los moños de la pequeña,
los robó la mariposa
y sin importar la dueña
se los llevó volando
al mundo de las sirenas
para quitarles la pena.

En el sueño de esa tarde
ocurrieron muchas cosas:
la nena junto a su osa
corrió tras la mariposa
y entrando a un libro de cuentos
chocó con una gran foca
a la que le dio un abrazo
y un beso en su narizota.

Sin esperar ni un segundo
y dando vuelta la hoja,
siguieron niña y su osa
buscando la mariposa…
En medio de un bosque espeso
y junto a dos elefantes
encontraron los dos moños
que parecían diamantes.

¿En dónde estás, mariposa
de alas libres y hermosas
con puntitos color rosa?
¿Ya encontraste a las sirenas
y consolaste su pena?
¿A dónde te fuiste Posa?
¿Volverás a nuestra fiesta…?
¿Jugarás con nena y osa
a la hora de la siesta?

Trabalenguas encantador

(popular)

Catalina encantadora
¡Cómo me encanta que cantes!
Canta un canto encantador
Cuenta un cuento que me encante
Que me encante cuando cuentes
Que me encante cuando cantes

Copla contenta

(MJV)

En la vida hay tres secretos
que siempre debes seguir.
Trata a todos con respeto,
quiere mucho,
y se feliz.

Un mundo mejor

(cuento en verso de MJV)

Sueña la hormiga Camila
y su hermanita mayor.
Sueña todo el hormiguero,
sueñan un mundo mejor.

Un mundo donde no exista
miedo, enojo ni dolor.

Sin embargo sin quererlo
a Camila le pasó
que escondida en una rosa
a la abejita encontró.

¡Cómo lloraba la abeja!
Lloraba con tanta pena
que Camila sin dudarlo
a su amiguita abrazó
y con sus suaves patitas
las lagrimitas secó.

La hermanita de Camila
Marianita, la mayor,
dale y dale trabajaba
esperando un gran amor.
Pero el amor llegó tarde
y la nieve la tapó.

Estaba tan enojada
Marianita, la mayor
que Camila con dulzura
le brindó su corazón.
De a poquito y con paciencia
el enojo le pasó.

Ya dentro de su casita
fueron testigo las dos
de la anciana hormiga Negra
que sufría un gran dolor
porque entrando al hormiguero
su antenita se dobló.

¡Con qué amor las hermanitas
cuidaron de la ancianita…!
¡Cuántos mimos que le dieron!
¡Cuánta rica comidita!
¡Cuánto remedio dulce
para curar su nanita!

Sueña la hormiga Camila
y su hermanita mayor
sueña todo el hormiguero,
sueñan un mundo mejor.

Un mundo donde no exista
pena, enojo ni dolor.

Pero todos aprendieron
que cuando no puede evitarse
la pena, el dolor, el miedo
y también el enojarse
hallan dulce consuelo
al escuchar las palabras
que con amor, paciencia y mimos
ayudan a serenarse.

Coplita para cuando estoy enojado
(MJV)

Cuando estoy muy enojado
me parece que vuelo.
La seño que está en mi sala
me regala un caramelo.

Trabalenguas Paco Peco

Paco Peco
Chico rico
Le gritaba como un loco
A su tío Federico
Y este dijo:
Poco a poco
Paco Peco
¡Poco Pico!

El cuento del maestro samurai
(cuento popular oriental)

Había una vez, en oriente, un maestro que hablaba con su alumno.

— Dime maestro —dijo el alumno— ¿cómo puedes quedarte tan tranquilo mientras otros te insultan o dicen cosas horribles sobre tu persona?

— Contesta a mi pregunta —dijo el maestro a su alumno—. Si alguien se acerca a vos con un regalo, pero no lo aceptas ¿a quién pertenece ese regalo?

— Y al que intentó entregarlo, pero yo no lo dejé —contestó en forma rápida el alumno—.

— Así es. Lo mismo vale para la envidia, el enojo y los insultos. Cuando no los recibimos siguen perteneciendo a quien los lleva consigo.

Un lunes especial
(cuento de MJV)

Hay cosas que me gustan y otras que no. Por ejemplo, me gusta estar en mi casa, jugar en mi pieza, salir a la vereda y andar en bici, acompañar a mi mamá a hacer las compras, ir a la calesita con el abuelo y ayudar a mi papá a pintar la pieza de Sofi. No me gusta ir a reuniones con amigas de mi mamá, ni viajar ratos largos en auto o en colectivos. A veces, me gusta ir a lo de mis primos y otras veces no. Pero sí hay algo que seguro, seguro no me gusta, es tener que comenzar las clases en esa escuela nueva.

Es por eso que cuando mi mamá esa tarde le dijo a la madrina: "Está tan grande que no lo puedo creer, el lunes empieza el preescolar", se me hizo un nudo en la garganta y comencé a sentir ruiditos y movimientos raros dentro de mi panza.

— ¡Te felicito, Juanchi! —dijo la madrina— ¿debés estar re contento no?

— ¡Mamiiiii! ¿Qué dice la madrina? ¿Qué es lo que pasa el lunes?

— Ya te lo dije, Juanchi, el lunes comenzás la última salita del jardín, la de los nenes más grandes… ¿No te acordás que compramos el delantal nuevo y las zapatillas?

— No, mamá, ya te dije que esa escuela no me gusta, yo no voy… Además, si voy ¿quién va a subir corriendo la escalera para alcanzarte el pañal de Sofi cuando haya que cambiarla?

— Vos no te preocupes, ya veré cómo me las arreglo. Me vas a poder ayudar cuando vuelvas del jardín… Además, ¿cómo sabés que no te gusta esa escuela si nunca fuiste? ¿Acaso tengo yo un hijo que es un brujito?

—Sí, la conozco, está llena de chicos y chicas muy grandes… Cuando vamos a la calle con el abuelo siempre vemos cuando todos esos chicos están saliendo y a mí no me gusta.

—En el lugar en el cual está tu salita, el grupo de ustedes es el de los chicos más grandes… ¡Vas a ver cómo te va gustar, cómo te vas a divertir! Además, te vas a hacer muchos amigos nuevos…

—No me gustan los amigos nuevos, a mí me gusta jugar con Fede y con Pili…

—También te va a gustar conocer otros chicos y otras chicas y jugar con ellos… Dale, ayudame… Alcanzame la mochila y veamos juntos si tiene todo lo que tenés que llevar…

—Juanchi, ¡no puedo creer que tengas miedo! No será eso, ¿no? —Agregó mi abuelo—.

Arrastrando los pies y más desanimado que nunca, caminé hasta mi pieza… Parece que no tengo opción… todos están en mi contra. Ojalá nunca llegue "el maldito lunes".

Pero la noche del domingo llegó antes de lo esperado y para colmo de males me mandaron a bañar más temprano que nunca y justo ese día que no tenía ganas de bañarme mamá me hizo quedar como una hora bajo el agua. "¿Te lavaste bien los pies? No te olvides de refregar las rodillas… ¿Te enjuagaste bien la cabeza? ¿Te limpiaste las orejitas? ¡No dejes de pasarte el cepillo a las uñas! Mirá que mañana es lunes y tenés que estar impecable".

El lunes… El lunes… ¡El luuuuuneeeeeeeeeeessssssssss! ¡Qué horrible suena esa palabra! ¿Por qué existirán palabras tan feas? ¿No se dieron cuenta? No quiero que llegue "el lunes". Y yo que me preguntaba por qué mi papá los domingos a la noche siempre dice: "¡Ufff mañana ya es lunes!". También cenamos temprano, tan temprano que el abuelo, que se había ido a encontrar con unos amigos, llegó casi cuando habíamos terminado de hacerlo… Y yo sin nada de hambre todavía tenía el plato lleno.

— ¡Vamos, comé, Juanchi, que ahora que empezás el jardín tenés que tener muchas energías para poder aprender todo lo nuevo que te van enseñar!

¡Otra vez con esto del jardín! ¿Será un sufrimiento que dure toda la vida?
A las 10 de la noche en punto, justo cuando empezaban los dibujitos que comencé a ver este verano, mi papá vino a la pieza, apagó el televisor y disminuyendo la luz de mi mesita de noche, se acercó a darme un beso y me dijo:

—Basta por hoy muchacho, ahora a dormir y a descansar muy bien que mañana es lunes y es un día muy importante.

¡Lunessssssssssssssssss! Quiero que no haya un solo lunes más en toda mi vida…
De más está decirles que esa noche no pude dormir ni un poquito. Escuché cómo mis papás conversaban hasta bastante tarde sentados en el sillón del living. También oí cómo en la cocina le preparaban la mamadera a Sofi, cuando papá se la daba y cómo los tres se mataban de risa. ¡Sofi sí que tiene suerte! A ella no le importa si es lunes, jueves o domingo… Ella se puede quedar siempre en casa.
Los pensamientos se me mezclaban con un dolor de panza cada vez más fuerte.
Mi imaginación voló a mil y en mi cabeza aparecieron imágenes de una maestra vieja y fea, como la bruja mala de un cuento… que no hacía más que gritarme y gritarme porque yo me equivocaba en todo… También vi cómo todos los chicos se reían de mí solo porque tenía ganas de hacer pis y no me animaba a decirle a la seño y cómo largos pasillos con puertas a sus costados aparecían y desa-

parecían delante de mis ojos y yo nunca podía encontrar la puerta donde me esperaba mi mamá para llevarme otra vez a casa.

Por más que intenté evitarlo de todas las maneras que conozco: crucé los dedos, recé al Diosito, me puse al revés la remera del pijama, el lunes tan odiado llegó con un sol redondo y brillante y no sé si a mí me pareció o fue así realmente, pero hasta los pajaritos cantaron más fuerte y más contentos que nunca.

Mamá que estaba muy nerviosa no dejó que me vistiera solo. Fue ella la que me puso las medias, me ató los cordones de las zapatillas, me peinó todo estiradito y por último me puso el delantal y colocó la mochila sobre mis hombros.

— ¡Papi ya le podés sacar la foto, está precioso!

Mi papá que no había salido tan temprano para su trabajo como lo hace todos los lunes. Me pidió que me pusiera en la puerta de casa, primero de una forma, después de otra…

— Mirá para allá, mirá para aquí. Vamos, Juanchi, cambiá esa cara… ¡Dale… ahora una con mamá! ¡No tapes a Sofi! Ahora una con el abuelo…

Cuando terminó la sesión de fotos yo estaba más enojado que nunca… La escuela queda cerquita de casa: mamá, papá, Sofi a upa y el abuelo caminaban adelante mío charlando alegremente. Yo, en cambio atrás de todo, con los brazos cruzados y muy malhumorado, lo hacía bien calladito la boca. Cuando empecé a notar cuántos chicos y chicas estaban en la calle a esa hora con el mismo delantal que yo, corrí un poquito y me agarré muy fuerte de la mano de mi papá.

El patio me pareció lindo… tiene juegos como los de la plaza y todo… pero ¡qué lío! Papás, mamás, abuelos, abuelas por todos lados… algunos chicos, los más chiquitos lloraban a moco tendido. Yo tenía ganas, pero me hice el valiente… no era momento para llorar.

Una señorita muy alta y muy delgada, que me pareció bastante linda, se acercó y acariciándome la cabeza me dijo: "¡Hola, Juanchi! Qué suerte que llegaste, acompañame que vamos a hacer un tren junto a los otros compañeros y compañeras". Yo no quería soltarme de la mano de papá, pero él me miró a los ojos y me dijo: "¡Juanchi, a divertirse y a aprender muchas, muchas cosas! ¡Cuando vuelva del trabajo quiero que me cuentes todo!".

Yo miré al abuelo, a Sofi que dormía a upa de mamá y a mamá… Para mí que ella también tenía ganas de llorar, pero no le pregunté nada.

La seño me parece que se dio cuenta de todo, porque le dijo a mi mamá y a otros papás que estaban por allí:

— Los papás y mamás que quieran quedarse un rato pueden hacerlo en el patio, y si extrañan mucho a sus hijos, nos avisan que les pedimos que ellos vengan y les den un beso.

En ese momento, todos los grandes que la escucharon, no sé por qué, se rieron mucho.

Ya en la salita y en una mesa redonda de color verde, me senté junto a Guille y junto a Josefina y a otros dos chicos que ahora no recuerdo el nombre.

Después fuimos al rincón de los cuentos y sentados sobre la alfombra, todos en ronda, escuchamos la historia de una nena que comenzaba salita de cinco, una historia bastante parecida a la mía.

Después de escucharla, jugamos con un montón de juguetes, y luego cada uno hizo un dibujo en unas hojas muy grandes y muy blancas. Yo dibujé a mi mamá, a mi papá, a mi abuelo y a Sofi con su chupete.

A Josefina le encantó mi dibujo y me preguntó si un día la iba a invitar a casa a conocer a mi hermanita.

Cuando mejor la estaba pasando, la seño nos dijo:

— Chicos guarden cada cosa en su lugar así mañana cuando vuelvan encuentran todo como lo encontraron hoy, luego hagan un tren que vamos a saludar a la bandera.

— ¿Qué, ya nos vamos? —le pregunte a Guille—.

— Parece que sí —me dijo él con cara de asombro—.

— Pero yo no me quiero ir ahora —agregó Josefina—.

— ¡Vamos chicos! Vamos que se hace tarde y sus papás los están esperando… —volvió a decir la seño—.

Mami me estaba aguardando junto a la puerta de entrada, con Sofi en el cochecito. Sin decirle nada me tomé fuerte de su mano. Tenía tantas cosas que contarle que no sabía por dónde empezar. Como yo no le decía nada, ella con cara de preocupación soltó el cochecito y me dijo: "¿Todo bien, Juanchi?". Justo en ese momento pasó a nuestro lado Josefina de la mano de su abuela y gritó: "¡Chau, Juanchi, hasta mañana!

— Sí, mamá —dije sin poder ocultar mi sonrisa y sintiéndome mucho más liviano que cuando recorría esas mismas cuadras solo unas horas atrás— todo más que bien…

Coplita para cuando estoy ansioso
(MJV)

Miro a esa estrella en el cielo
y no lo puedo evitar
mi panza me hace cosquillas
ya se acerca Navidad.

La última hada
(adaptación libre de un cuento de Mario Yuste)

— Tía, ¿me contás un cuento? —preguntó Rocío sin dejar de peinar a su muñeca Patas Largas—.

— Ahora no puedo, estoy ocupada… en cuanto termine de regar las plantas te cuento uno —respondió su tía—.

— Uno que sea bien largo, que tenga hadas, magos, brujas, ogros y dragones…

— ¡Uh! No sé si recuerdo un cuento con todos esos personajes…

— Sí, que sabés… ¡Dale, vos podés, tía! Que haya una nena buena… o un lobo malo… o un nene que se va de viaje a otras partes del mundo… Te prometo que si me contás ese cuento ¡me voy a portar re bien!

— ¿Todo eso por un cuento? Jajaja —se rio la tía—, mirá que te tomo la palabra Roci, ¿eh?

— ¡Sí! ¡Dale! ¿Me lo contás? ¡Dale, dale, dale!

— Bueno, un poco de paciencia, princesa… Sucedió una vez que… —comenzó a contar la tía—.

— ¡Tía, tía! ¿Qué es lo que sucedió una vez? —preguntó Rocío ansiosa—. ¿No será mejor decir había una vez… un rey?

— No, Roci, en este cuento no aparece ningún rey…

— Entonces, una reina.

—No, tampoco hay reinas…

—¿Una princesa?

—¡Hoy no cuento cuentos de princesas!

—Entonces, ¿de qué es el cuento que me vas a contar? ¡Dale! ¡Contame!… Había una vez… ¡Dale, tía, decime de una vez!

—Había una vez una preciosa casita de campo construida sobre el monte y rodeada de tres enormes árboles. La casa tenía dos ventanas, una en la parte alta y otra en la parte baja. Las dos estaban siempre abiertas, pero nunca, nunca se asomaba nadie…

—¿Era la casa de una bruja?

—Un poco de paciencia… que ya te sigo contando…

—Para mí que era la casa de un ogro…

—¿De dónde sacaste vos que los ogros viven en casas?

—Entonces, era la casa de una familia de duendes… —dijo Rocío que no quería dejar de adivinar—.

—Ni brujas, ni ogros ni duendes… —dijo la tía—. Cuando ocurrió este cuento que te cuento no existían ni brujas ni ogros ni duendes, tampoco había hadas… es decir… solo había un hada.

—¿Había un hada…?

—Sí, un hada que todavía existe…

—Jajajaja, no inventes ¡las hadas no existen! Están solo en los cuentos…

—Un hada que todavía existe —repitió entonces la tía— y que va de casa en casa…

—¿Y vos la viste alguna vez?

—No la vi, pero sé todas las cosas buenas que hace para que la gente pueda ser más feliz…

—¿Y cómo se llama?

—Paciencia, Rocío… un poco de paciencia… Una noche, como todas las noches de este cuento, la luna miraba la casa intentando resolver el misterio de quién vivía en ella… ya había pasado más de una hora escondida entre las ramas de los árboles… cuando le pareció escuchar que alguien se quejaba…

— ¿Un bebé…? ¿Un nene…? ¿Una nena…? —volvió a preguntar ansiosamente Rocío—.

— Una abuela le decía a su nietita… —siguió contando la tía— "estoy muy cansada… caminamos mucho, debemos refugiarnos en algún lado, al menos, para pasar la noche… ¡Mirá ahí en lo alto hay una casita! ¡Esperemos que nos dejen pasar la noche en ella!". La luna estaba encantada… La abuela y la niña se acercaron a la misteriosa puerta, llamaron… pero nadie respondió…

— ¿No había nadie?

— Llamaron de nuevo… pero no obtuvieron respuesta alguna… golpearon más fuerte… gritaron… pero nada… Todo permanecía sumergido en el más profundo silencio… La abuela entonces, que estaba muy pero muy cansada, se sentó en los escalones de la entrada, pero la nieta, ni lenta ni perezosa, empujó la puerta despacito y con cuidado…

— ¿Y entonces…? ¿Qué vieron? ¡Dale contame! ¿Qué vieron?

— La puerta se abrió de par en par como por encanto y la luna maravillada abrió sus ojos más grandes que nunca. "Se abrió la puerta abuelita —dijo la niña ayudando a pararse a la anciana— no hay nadie… parece deshabitada". Las dos entraron, la casa estaba realmente vacía… Como estaban muy cansadas, acomodaron unos abrigos en el suelo y se acostaron sobre ellos, quedándose profundamente dormidas… Al amanecer despertaron en unas cómodas camas y con sorpresa vieron cómo la mesa estaba servida con un exquisito desayuno… Creyeron, entonces, que aparecería el dueño de la casa, pero no fue así… ni aquel día, ni el otro, ni los siguientes…

— Pero ¿se quedaron muchos días? —preguntó, entonces, Rocío—.

— Abuela y niña se encontraban muy cómodas en la casita y felices de que la misma no fuera de nadie, decidieron pasar en ella todo el tiempo que les fuera posible… haciendo un hogar cada vez más confortable.

— ¿Y…? ¿Se acabó el cuento?

— Sí… —dijo la tía—.

— ¡No! ¡No puede ser! ¡No me contaste quién vivía en la casa antes de la niña y su abuela! —protestó Rocío—.

— Por lo que pude saber según me contó una noche una estrellita…

— Jajajajaja ¡si las estrellitas no hablan!

— Según me contó una estrellita —repitió seriamente la tía—antes había vivido un hada… Parece que la luna, muy curiosa, le contó a las estrellas que tenía más cerca que aquella hermosa noche ella vio cómo se abrió la ventana de la casa misteriosa y salió una maravillosa hada en una carroza de nubes azules tirada por una legión de mariposas multicolores…

— Entonces ¿el hada le dejó a la abuela y a la niña su propia casa?

— Así es…

— ¿Y dónde vive ahora?

— En el mundo… junto a hombres y a mujeres… a niños y a niñas… es la última hada, se llama Esperanza y según me dijo la estrella, ella siempre va existir para ayudar al que lo necesite.

El misterioso señor Hu
(cuento anónimo de la China)

En una aldea de la China vivía un joven señor llamado Chang. Era conocido por su carácter valiente e impulsivo.

Un día que el joven estaba reunido con algunos familiares uno de ellos comentó:

— Amigos, están sucediendo cosas muy extrañas en la casa de porcelana azul. Estoy seguro que está habitada por una familia de genios.

— ¡No lo creo! —exclamó Chang riendo—. Yo solo creo lo que ven mis ojos.

— ¿Cómo podés decir algo así? —intervino con voz temblorosa uno de los familiares presentes—. ¡Los genios y las hadas son invisibles, pero tienen la capacidad de hacer cosas terribles!

— ¡No más terribles que las que pueden realizar las personas! —dijo Chang sonriendo nuevamente—.

— ¿Querés que creamos que no sentirías miedo si tuvieras que vivir en una casa habitada por genios?

— Más que eso —le contestó Chang—. ¡Iré a visitar a los habitantes de la casa de porcelana azul!

Sus amigos intentaron quitar de su cabeza tan loca idea, pero como Chang era bastante porfiado, sin dudarlo un segundo, salió rápidamente y se encaminó hasta la misteriosa casa.

Se acercó a su puerta y golpeó con suavidad.

Esperó un ratito… Esperó dos…

Cuando había decidido irse porque nadie contestaba, la puerta comenzó a abrirse lentamente…

Chang entonces avanzó por la sala, donde había una mesa y un sofá. Aunque estaba desierta… No había absolutamente nadie…

¿Quién había abierto la puerta a nuestro valeroso joven? Chang dijo entonces en un tono que pudiera ser escuchado:

— No sé quién sos y no me importa. Quién quiera que seas, te agradezco mucho haberme recibido. Pero me encantaría que pudiéramos vernos las caras.

Del centro de la sala, una voz respondió:

— No puedo complacerte ese pedido, pero no podés imaginar la alegría que me da que alguien haya venido a visitarme, ¡siempre estoy tan solo! Por favor, sentate un ratito y haceme compañía.

Dos sillas empezaron entonces a moverse solas y se colocaron alrededor de la mesa.

Acababa Chang de sentarse en una de ellas, cuando dos taza de té se posaron justo delante de él. Sorprendido, vio cómo manos invisibles levantaban una de ellas.

Chang, que realmente era muy valiente y que además no quería pasar por mal educado, tomó el té que el genio le había servido.

Mientras saboreaba la bebida que era exquisita pensó: "Cómo me gustaría acompañar este rico té con unas masitas con dulce".

Ni bien este deseo se cruzó por su cabeza, un plato lleno de masas, tan exquisitas o más que el té, apareció sobre la mesa.

Cuando hubo terminado de comer y beber a su antojo, Chang le preguntó a su siempre invisible anfitrión.

— ¿Puedo al menos saber cómo te llamás?

— Me llamo Hu —contestó este—.

— Hola Hu, yo soy Chang… ¡muchas gracias por tu té y masitas! Ahora me tengo que ir, pero si querés, otro día vengo a visitarte con un poco más de tiempo.

— Por favor, ¡sí! Vení cuando quieras, me hace muy feliz estar acompañado…

Naturalmente, cuando Chang regresó a su casa, sus amigos y familiares le pidieron que contara la visita con todos sus detalles. Pero una vez que este les hubo relatado paso por paso todo lo ocurrido, no sabían si creerle o tomarlo como una burla del joven Chang.

A Chang no le importaba lo que sus amigos o su familia pudieran pensar y cada dos o tres días volvía a la casa del señor Hu y pasaba el tiempo en su buena compañía: comiendo, bebiendo, recitando poemas y hablando de mil cosas interesantes.

Su nuevo e invisible compañero parecía tener conocimiento de un sinfín de temas.

Un día Chang le preguntó:

— Tu voz es la de un hombre muy joven ¿Cuántos años tenés?

— Verdaderamente, no podría decírtelo —respondió Hu. Hace ya mucho tiempo que no los cuento, quizá más de mil años…

Al oír esto, Chang estuvo a punto de atragantarse con el caramelo que estaba saboreando.

Cuando unas horas más tarde relató el incidente a sus amigos, estos se burlaron, segurísimos que Chang inventaba todo lo que les decía.

— Jajajajajaja —rieron todos—. Vas a tener que probarnos la existencia de tu genio, no es posible que te pases horas y horas conversando con uno que dice llamarse Hu y que además afirma tener más de mil años de edad… ¡Ja jajajajajajaja!

Esa tarde, cuando Chang se dirigió a la casa de porcelana azul, estaba de muy mal humor y el señor Hu lo advirtió apenas lo vio.

— ¿Qué te pasa, Chang? Podés confiar en mí —le dijo—.
— Es que mis amigos no creen sobre tu existencia y de alguna manera se la tengo que demostrar…
— ¿Y qué te parece que hagamos?
— Yo estuve pensando en lo siguiente —dijo Chang— no sé a vos qué te parece…
— En el extremo de la aldea vive una vieja hada que va de un enfermo a otro y les hace pagar cuantiosas sumas de dinero prometiendo que los va a curar con sus remedios mágicos y cuando ya sacó al enfermo y a su familia todo lo que pudo, los abandona a su suerte. Nadie puede hacer nada contra ella porque si lo intenta la muy mala utiliza su magia para hacerles más daño. Por favor ¡ayudame a vencerla! —le suplicó Chang—. Toda la aldea te lo va a agradecer y yo podré demostrar que realmente existís.

En cuanto terminó de contarle su idea, la puerta de entrada se abrió de par en par y un caballo blanco se detuvo frente a ella.

— Subite al caballo y marchá por ella sin perder más tiempo, ordenó la voz.

Durante el viaje, mientras galopaba, Chang observó un polvo amarillento que se había depositado sobre la manga de su saco… Sacudió el mismo con suaves golpecitos para poder quitárselo, pero nuevamente escuchó la voz que decía: "¡No hagas eso! Cada grano de polvo es tu ayudante y está con vos para que puedas cumplir tu objetivo".

Cuando Chang llegó por fin al extremo de la aldea, detuvo su caballo ante la puerta de la casa del hada y entró muy decidido sin siquiera, pedir permiso.
El hada lo recibió con una sonrisa…

— ¿Cómo es que un joven tan apuesto visita a una pobre vieja como yo?
— Escuché decir —respondió Chang mirándola fijamente a los ojos— que por fin decidiste devolver todo el dinero que robaste a los pobres enfermos de esta aldea…
— No te entiendo. ¿Qué pavada estás diciendo? —dijo, entonces, ya no tan sonriente el hada mala—.

Chang dio un pequeño golpecito en su manga y una nube de polvo rodeó a la vieja haciéndola estornudar sin parar…

— ¡ATCHIS, ATCHIS, ATCHIS~ATCHIS, ATCHIS~ATCHIS, ATCHIS~ATCHIS!
— ¿Me comprendés ahora? —preguntó riendo Chang—.
— Estoy empezando a comprender… —dijo la vieja—. Pero esa plata es mía, me la dieron en pago de los servicios que he prestado…

A la señal de Chang otra vez los polvos rodearon a la anciana y esta casi sin poder respirar, volvió a sufrir un ataque agudo de "estornuditis".

— ¡ATCHIS, ATCHIS, ATCHIS~ATCHIS, ATCHIS~ATCHIS, ATCHIS~ATCHIS!
— ¿Estás segura que decís la verdad? —preguntó el joven—.
— Absolutamente… —mintió sin vergüenza la vieja sin que se le moviera un solo pelo—.

Una vez más el polvo, pero esta vez más oscuro y denso, volvió a rodearla…

— ¡ATCHIS, ATCHIS, ATCHIS~ATCHIS, ATCHIS~AT-CHIS, ATCHIS~ATCHIS! ¡ATCHIS, ATCHIS, ATCHIS~ATCHIS, ATCHIS~ATCHIS, ATCHIS~ATCHIS! ¡ATCHIS, ATCHIS, ATCHIS~ATCHIS, ATCHIS~ATCHIS, ATCHIS~ATCHIS! ¡Basta, basta! ¡Está bien! ¡ATCHIS~ATCHIS~AT-CHIS! ¡Tomá todo! ¡Tomá todo! ¡ATCHIS~ATCHIS~AT-CHIS! —decía exclamando en medio de estornudo y estornudo y sonada de nariz—. ¡ATCHIS~ATCHIS~ATCHIS~ATCHIS, ATCHIS~ATCHIS!

Chang hizo entonces un suave movimiento con sus manos y la nube de polvo volvió a posarse en su manga.

— ¿Dónde está el dinero que robaste? —preguntó—.
— En ese cofre —señaló la vieja mientras sonaba fuerte su nariz con un gran pañuelo negro—.

Chang levantó la tapa del cofre y vio un montón de monedas de oro y plata, piezas de seda, objetos de marfil y piedras preciosas.
Dentro del mismo, había también un largo pergamino sobre el que estaban inscriptos los nombres de las familias que el hada había engañado.
¡La alegría de los habitantes de la aldea al recobrar sus bienes fue indescriptible!
Chang aprovechó el momento para relatar a todos sobre la existencia del señor Hu, el habitante invisible de la casa de porcelana azul y cómo él no hubiera podido hacer nunca nada sin su ayuda.
Todo el pueblo: sanos y enfermos, ancianos y jóvenes, mujeres y varones, niños y niñas… pasaron por su puerta para agradecerle. Nadie lo veía, pero todos sabían que allí estaba…

Y a partir de esa tarde, el señor Hu no se sintió nunca, nunca más ni triste ni solo y los habitantes de la aldea nunca volvieron a tenerle miedo.

Coplita para cuando tengo miedo
(MJV)

Cuando a la noche me pasa
que tengo un poco de miedo
me abrazo fuerte a mi oso
y tapado hasta la ñata
no quiero mover ni un pelo.

No tengo miedo a nada
(cuento de MJV)

— Yo nunca tengo miedo a nada —le dijo Tomás a Camila, su hermanita, una tarde de tormenta a la hora de la siesta—. Si me encontrara con un gran elefante, me enfrentaría a él, lo domaría y luego le ordenaría agacharse como hacen el circo, me subiría y le pediría que me lleve a pasear…

Tampoco le tengo miedo a las arañas —agregó—. El otro día en la casa de la abuela vi una muy grandota, entonces, con mucho cuidado la hice entrar en un frasco grande y la llevé bien al fondo del jardín donde la dejé libre para que se pudiera ir con sus hijitas…

Los cocodrilos me causan mucha gracia —siguió hablando Tomi sin parar— jajajajaja, no sé cómo alguien puede tenerles miedo. Si te encontrás con un cocodrilo lo único

que tenes que hacer es mostrarle algo que le llame la a-
tención de manera que se acerque bien, bien a la orilla en
la que estás parado y una vez que está bien cerquita tenés
que treparte a su lomo. Cuando el cocodrilo siente que
estás sobre él, sabe que vos sos su dueño, entonces, hace
lo que vos querés y ni se le ocurre morderte o algo así…
— Mmmmmmm, ¿te parece? —interrumpió Camila que
hasta ese momento lo había escuchado calladita sin decir absolutamente nada—. La verdad es que a mí no me
gustaría subirme a un cocodrilo…
— Vos porque sos miedosa… pero los chicos como yo no
les tenemos miedo a nada… somos como los papás que
tampoco le tienen miedo a nada…
— Y a los fantasmas ¿les tenés miedo, Tomás?

— Jajajajajajaja, ¿a los fantasmas? ¡No! ¡ni ahí! ¿Qué me
podría hacer a mí un fantasma? Si algún día aparece uno
yo me quedaría lo más tranquilo. Seguro que si vos lo ves
gritás como una loca o te vas a decirle a mamá… pero yo
no. Lo que yo haría es preguntarle qué quiere y si me doy
cuenta que me quiere hacer algo malo me pongo el casco
de la bici y busco la escoba y lo empiezo a correr amenazan-
do con pegarle hasta que por fin vuelva a desaparecer…
— ¿Y a vos te parece que el fantasma se va a ir solo porque vos lo amenaces con el palo de escoba? No creo que
sea tan fácil…
— ¡Seguro, nena! Si querés preguntale a papá… te digo
que sí… a ningún fantasma le gusta que lo persigan con
un palo de escoba… Si vos les tenés miedo, ellos seguro
te hacen cosas feas, pero si los enfrentás salen volando y
se van para no volver.
— ¿Y si se te aparece un ogro feo y grandote como el de
los libro de cuentos?
— ¡Ah! ¡Eso sí que es una pavada! ¡Cualquiera sabe cómo
matar a los ogros! Los ogros son muy feos pero también
muy miedosos. Cuando un ogro aparece por la noche lo

que hay que hacer es buscar el espejo más grande que tengas a mano y cuando se te está acercando para comerte se lo ponés bien delante, de manera que en lugar de verte a vos, se vea a el mismo… Cuando se ven reflejados, como son tan pero tan feos, se pegan un susto tal que una de dos: o se mueren de un ataque al corazón o salen corriendo tan rápido que es imposible alcanzarlos y como tienen tanto miedo, no vuelven más porque no quieren volver a ver una cosa tan fea nunca más en su vida.

— Jajajajaja no te creo nada, Tomi… Si yo llego a ver un ogro la que salgo corriendo soy yo y no paro hasta estar en upa de mamá o de papá….

— Ya te dije, Cami, vos porque sos muy miedosa… pero yo no… yo no le tengo miedo a nada…

— ¿Y a los truenos y a los relámpagos? —preguntó Camila con voz temblorosa a su hermano mientras ¡PUM PUM PUM PUM PUM!!! GRASHH!! el ruido ensordecedor de un trueno hizo temblar toda la casa y desaparecer a Akiles, el gato, que en menos de un segundo, se escondió bajo la cama—.

— ¿A los truenos… y a los relámpagos? —preguntó Tomás con un hilo de voz— No… tampoco les tengo miedo… —afirmó en forma ya no tan segura como antes—.

Un reflejo azulado envolvió el ambiente en el cual estaban conversando los dos hermanitos. Las persianas comenzaron a golpear los vidrios de las ventanas y al instante… más fuerte que antes otro: ¡PUM PUM PUM PUM PUM PUM! ¡GRASHH! ¡PUM PUM PUM PUM PUM PUM! ¡GRAAAAAAAAAAASHH! Retumbó dejándolos a ambos momentáneamente paralizados…

— ¡MMAAAAAAAAAAAAAMMMMMMMMMMMMÁ! ¿En dónde estás? —gritó de pronto nuestro amigo Tomás—.

— ¡MMAAAAAAAAAAAAAMMMMMMMMMMMMÁ! —gritó Camila—.

— ¡MMAAAAAAAAAAMMMMMMMMMMMÁ! —gritaron los dos juntos con todas sus fuerzas—.

— ¡Pero, chicos! ¿Por qué gritan así? ¿Qué les pasa? —dijo la mamá entrando a la pieza—. No me van a decir que le tienen miedo a una simple tormenta… ¿no?

— No, mami, solo queríamos saber dónde estabas… —dijo Tomás poniéndose un poco colorado mientras miraba de reojo a su hermana—.

— Ya sabés que yo no le tengo miedo a nada…

El brujo

(trabalenguas de MJV)

Si el brujo desbruja a la bruja
y la bruja desbruja al brujo
ni el brujo ni la bruja
embrujarán ni desbrujarán
más brujos ni brujas.

Medio dormido

(trabalenguas de MJV)

Medio dormido
miedo siento
es media noche
y no te miento
medio dormido
medio despierto
miedo yo siento.

Hubo una vez una familia de brujitas que, gracias a su magia, terminaban todo su trabajo muy rápido. Por eso pasaban el resto del día sumamente aburridas.

Una tarde que las brujitas se encontraban en el bosque sin saber qué hacer y qué decir, la más pequeña de todas comenzó a cantar:

Lunes y martes y miércoles, tres
Lunes y martes y miércoles, tres
Lunes y martes y miércoles, tres

Entonces, otra que estaba sentada sobre una rama, bien arriba del árbol limándose las uñas, añadió algo a la canción para que esta fuera más divertida:

Lunes y martes y miércoles, tres
Jueves y viernes y sábado, seis
Lunes y martes y miércoles, tres
Jueves y viernes y sábado, seis
Lunes y martes y miércoles, tres
Jueves y viernes y sábado, seis

Como las demás vieron que lo que había agregado la segunda brujita rimaba con la primera parte, se rieron muy fuerte y felicitaron a las dos brujitas que muy felices se dieron un gran abrazo.

Como esta canción les pareció tan divertida y como ya dije, no tenían nada mejor que hacer, todas las brujitas la empezaron a cantar incansablemente:

Pero, como pasa en casi todas las familias, una de las brujitas estaba celosa de las que habían compuesto la canción que a todas les había gustado tanto y que sus hermanas no paraban de repetir. Entonces, se le ocurrió agregar otra estrofa a la canción. Una de las veces que estaban terminando de cantarla, dijo con un grito desafinado:

"*¡Domingo, siete!*"

Y la canción quedó así:

Las otras brujas, primero sorprendidas por la falta de rima y lo feo que cerraba su canción con el nuevo agregado, se quedaron calladas mirándose unas a otras. Pero luego, pasado ese primer instante de sorpresa, echaron a reír a carcajadas rodeando a la brujita celosa y dándole abrazos y besos para que no se sintiera mal.

Desde ese día, en casi todos los países del mundo se dice "es como un domingo siete" cuando se quiere referir a errores tontos o sin sentido.

Copla celosa
(MJV)

Si mi hermanita se duerme
a upa de mi mamá
dejo de jugar prontito
y le digo a mi papito
"yo a upa también quiero estar".

El burro celoso
(adaptación de la fábula de Esopo)

Había una vez un burrito que era muy querido y cuidado por todos los que vivían en esa granja. Tenía un lugar muy cómodo para dormir en el establo y su dueño, que lo quería realmente mucho, no dejaba que cargara bultos pesados, para que no se cansara.

Todas las mañanas se acercaba él mismo a darle los buenos días y alimentarlo con exquisitos manjares para burros. Una de esas mañanas el granjero fue al establo en compañía de su perrito. Este ladraba y saltaba alrededor de su dueño, buscando su atención y sus mimos.

El burrito miraba todo con mucha atención. No le gustaba nada que el granjero solo tuviera miradas y palabras dulces para el perrito.

— A mí no me mira —pensó—.
— A mí no me acaricia —pensó—.
— A mí no me quiere —pensó—.

Todo esto cada vez más y más enojado.

En un momento que el granjero se sentó sobre un tronco para descansar, el perrito moviendo la cola y feliz de la vida se subió sobre sus piernas y se acurrucó entre sus brazos. Burrito, no pudo más. Dio un estirón violento y rompiendo la soga que lo ataba se fue contra el granjero que aún tenía al perrito entre sus brazos e intentó levantarse sobre sus dos patas para imitarlo, pero no pudo… luego con movimientos bruscos intentó subirse a upa del granjero.

De más está contarles que granjero perrito y burro quedaron los tres cola en el piso, embarrados hasta las narices… o los hocicos…

Por suerte para el burro, el granjero enseguida se dio cuenta qué le había pasado a su burro querido y así en el piso como estaba, lo abrazó y lo llenó de besos.

El lagarto está llorando

(poema de Federico García Lorca)

El lagarto está llorando.
La lagarta está llorando.

El lagarto y la lagarta
con delantalitos blancos.

Han perdido sin querer
su anillo de desposados.

¡Ay, su anillito de plomo,
ay, su anillito plomado!

Un cielo grande y sin gente
monta en su globo a los pájaros.

El sol, capitán redondo,
lleva un chaleco de raso.

¡Miradlos qué viejos son!
¡Qué viejos son los lagartos!

¡Ay, cómo lloran y lloran,
ay, ay, cómo están llorando!

Yo tenía diez perritos
(anónimo español)

Yo tenía diez perritos
Yo tenía diez perritos
Uno se perdió en la nieve
No me quedan más que nueve.

De los nueve que quedaban
De los nueves que quedaban
Uno se comió un bizcocho
No me quedan más que ocho.

De los ocho que quedaban
De los ocho que quedaban
Uno se metió en un brete
No me quedan más que siete.

De los siete que quedaron
De los siete que quedaron

Uno ya no lo veréis
No me quedan más que seis.

De los seis que me quedaron
De los seis que me quedaron
Uno se mató en un brinco
No me queda más que cinco.

De los cinco que quedaron
De los cinco que quedaron
Uno se fue al teatro
No me quedan más que cuatro.

De los cuatro que quedaban
De los cuatro que quedaban
Uno se volvió al revés
No me quedan más que tres.

De los tres que me quedaban
De los tres que me quedaban
Uno se enfermó con tos
No me quedan más que dos.

De los dos que me quedaban
De los dos que me quedaban
En un momento importuno
No me queda más de uno.

El perrito que me queda
No se me va a escapar
Le daré muchos besitos
Y lo voy a querer más.

La fiesta ya terminó. Estuvieron todos presentes: los nenes y las nenas, la seño, el profe de educación física, la directora, los otros maestros… y porsu los papás, las mamás, los hermanos, las hermanas, los abuelos, las abuelas, las tías, los tíos… ¡Fue un mundo de gente!

Me hizo acordar al primer día, ¡qué lío había ese día también!… pero hoy fue distinto.

Fue lindo preparar entre todos esta fiesta. Tal como lo pensaba, fue una fiesta parecida a un cumpleaños… con cosas ricas para comer, gaseosas y una gran torta. Pero no se hizo en un pelotero o en una casa, para esta fiesta decoramos el aula especial, esa tan grande donde a veces nos juntamos para ver una película, una obra de teatro, festejar el cumpleaños de la patria o hacer una exposición de dibujos o experimentos…

En cuanto llegamos al salón, ya estaba todo preparado y los que nos estaban esperando nos recibieron con un gran aplauso. Todos los chicos, las chicas y la seño nos sentamos en ronda como lo hicimos cada una de las tardes que vinimos al jardín y los otros maestros y las familias se pusieron alrededor de nuestra ronda.

La seño, entonces, nos pidió a cada uno que recordáramos algún momento vivido durante este año y se lo contáramos a los demás. Yo conté sobre el día que aprendimos cómo cuidarnos en la calle y cómo me gustó el cuento de la brujita Paquita…

Al terminar chicos, seños, papás, mamás, hermanos, hermanas, abuelos, abuelas, tíos y tías cantamos algunas canciones aprendidas durante el preescolar. Fue muy divertido escuchar cómo todos cantaban. Mientras lo hacíamos, yo que antes ya había estado buscándola, descubrí a mi mamá entre toda la gente. Ella tenía a Sofi en upa y me causó mucha gracia ver como la gorda hacía "qué linda manito" al son de la música, matándose de risa.

Entonces, comenzó la parte más seria. La seño nos fue llamando uno por uno. Cuando nos nombraba, nos parábamos en el medio de la ronda, y ella nos ponía en el dental, muy cerquita al corazón, una medallita de "egresados" y nos daba nuestro diploma que es como un papel muy importante, un recuerdo para toda la vida. Tiene nuestro nombre en letras muy grandes e indica que ya terminamos esta primera etapa de la escuela.

Cuando me lo dieron a mí, miré a mis papás y a mí abuelo... me parece que mi mamá estaba a punto de llorar porque tenía la nariz re colorada. Mi papá, por supuesto, no perdió oportunidad y me sacó un montón de fotos y mi abuelo no lo pudo evitar y gritó: "¡Bravo, Juanchi... ese es mi nieto!". Y todos se rieron mucho.

No sé por qué, pero todos estaban muy contentos y yo bastante triste. Va, en realidad triste y contento. Las dos cosas...

Ya cada uno tenía su medallita y su diploma, y entonces la seño nos pidió a los nenes y a las nenas que despacito saliéramos de la ronda, buscáramos a nuestra familia y le diéramos un gran abrazo.

Yo ya sabía dónde estaban así que no me costó encontrarlos. Mamá, papá y el abuelo me abrazaron re fuerte. Para mí que Sofi se dio cuenta que me estaban festejando algo porque mientras miraba a su alrededor re contenta, me tiró los brazos para que la alzara.

Al ratito Josefina con su tía, su abuela y su papá, y Guille con sus papás y Valentina se acercaron a saludarnos. Los chicos nos fuimos a correr por todo el salón y las familias se quedaron hablando de no sé qué cosas.

La seño entonces dijo que nos acercáramos a las mesas a comer todo lo rico que habíamos llevado y mientras lo estábamos haciendo Elena, que es la señora que siempre nos da la merienda, entró con una gran torta que tenía tantas velitas como nenes y nenas terminamos hoy el jardín. "Para que cada uno pueda pedir su deseo", dijo.

Otra vez, no sé por qué, me puse triste… Y casi cae una lagrimita en el medio de la torta.

Ahora me pregunto ¿qué habrán pedido Gulle, Lili, Josefina al soplar la velita?

A mí lo único que se me ocurrió fue pedir poder seguir viendo a mis amigos y mi seño durante mucho, mucho, mucho tiempo más….

Recursos para trabajar la promoción de la convivencia armónica

¿Por qué trabajar la promoción de la convivencia armónica con los más chiquitos?

El principal objetivo que tenemos como adultos en relación a nuestros pequeños es lograr que los mismos progresen activamente en su socialización e integración, formándose como personas autorrealizadas y útiles a la sociedad.

Para poder ayudarlos en tal significativo objetivo es imprescindible que cada uno pueda:

- Superar la etapa natural de egocentrismo.
- Entender la necesidad de articular sus propios intereses y sentimientos con los demás.

▶ Valorar a los otros, como personas distintas, únicas irrepetibles.
▶ Construir vínculos afectivos.
▶ Aceptar en los otros la humanidad que cada uno acepta de sí mismo.

Somos seres sociales y desarrollamos nuestras vidas junto a otros. Desde que nacemos, convivir es una situación natural del ser humano. Las primeras experiencias de vida pueden ser muy distintas según el medio familiar y nuestro primer entorno. Se pueden vivir situaciones de convivencia armónica o, por el contrario, envueltas en malos entendidos, malos tratos y violencia.

El estar y compartir armónicamente es una competencia fundamental que se puede aprender, es un ejercicio cotidiano que requiere de la toma de conciencia de que nuestra vida no tiene sentido sin los otros y desde ahí comenzar a actuar en consecuencia.

La idea, entonces, es mostrar desde muy chiquitos que se puede convivir bien y que convivir armónicamente mejora la calidad de vida de todos. En una sociedad que es violenta sin ninguna duda y en la cual los "grandes" no hemos aprendido mucho esto de resolver los conflictos con medios pacíficos, en la cual pareciera que el individualismo y el "aquí, ahora, ya" son los que priman y se obtienen mejores resultados a costa del malestar de muchos, es el momento de ofrecer desde muy temprana edad experiencias que promuevan el autoconocimiento y la reflexión, la aceptación de la diversidad, la escucha activa, la crítica constructiva, la empatía y la solidaridad.

Si los niños, a partir de momentos placenteros, pueden ir descubriendo modelos de convivencia armónica, serán capaces de trasladar y ejercer sus vivencias en cualquier otro ámbito.

Las lecturas cotidianas en la escuela, en casa, en lo de los abuelos —esos pequeños y gratos momentos de todos los días— brindan la oportunidad para que se enriquezcan en valores, respeto, ternura y aprendan a aceptar las normas de convivencia en forma natural y espontánea. Es un desafío y un aprendizaje. Para los más chiquitos y para los que ya no lo somos tanto.

Acuerdo de convivencia
(cuento sobre convivencia escolar de MJV)

No había pasado mucho tiempo de ese primer día de clases, cuando la seño nos contó que entre todos íbamos a pensar reglas que nos ayudarían a llevarnos mejor y a que todos la pasáramos bien mientras estuviéramos en el jardín.

— ¿Saben qué son las reglas? —nos preguntó—.
— Sí —dijo Lucas—, son unas maderitas duritas y derechitas que tienen en su borde algunos números y que mi hermano la usa para que las rayas le salgan derechitas y no todas con vueltas.
— Mi hermano también usa una —agregó Julián—.
— La mía tiene una pero no es de madera, no tiene color y se ve todo lo que hay abajo cuando la apoya en su cuaderno —aportó Felipe—.

Otros chicos siguieron contando lo que sabían sobre las reglas. Yo me quedé calladito, porque en ese momento no se me ocurrió nada y la única que conozco es una larga y verde que a veces utiliza mi mamá cuando cose pero no tengo idea para que la usa.
La seño escuchó a cada uno de los que tenían algo para decir, y cuando vio que no había más chicos que quisieran hablar, nos contó:

— Todos tienen razón, ustedes hablan de las reglas que son un útil escolar y que como bien dijo Lucas sirven, entre

otras cosas, para hacer rayitas que salgan bien, bien derechas, pero hoy quiero que hablemos de otro tipo de reglas, a las que también muchas personas llaman normas.
— Yo tengo una tía que se llama Norma —gritó Aldana interrumpiendo a la seño—.
— Tampoco hoy vamos a hablar de las tías que se llaman Norma —dijo la seño sonriendo—. Si yo digo, por ejemplo, "no hay que tirar papeles en el piso" o "cuando el semáforo está en rojo no podemos cruzar la calle" o "cuando una señora embarazada, algún abuelito o una mamá con su bebé sube a un colectivo tenemos que darle el asiento" estoy hablando de normas, reglas o de acuerdos. Estas reglas o acuerdos pueden estar escritas o no, pero sabemos que hay que cumplirlas porque fueron pensadas para el bien de todos. Hay reglas de tránsito que nos permiten trasladarnos por la calle en forma más segura, hay reglas en los juegos que nos indican cómo se juega y qué se espera que hagamos, hay reglas para cada deporte: por ejemplo, cuando vemos un partido de futbol sabemos que salvo el arquero los jugadores no pueden tomar la pelota con la mano y que si uno lastima a otro debe ser sancionado. Hoy vamos a pensar cuáles podrían ser las reglas para que las horas que estemos aquí en el jardín vivamos juntos los mejores momentos posibles. A estas reglas las vamos a llamar "Acuerdo de convivencia".
Para empezar vamos a hacer dos casitas —dijo dibujando dos casitas bien grandes en el pizarrón—, la casita de los SÍ SE PUEDE, porque lo que hacemos ayuda a que estemos todos mejor, y la casita de los NO SE PUEDE, las cosas que no podemos hacer porque no solo no ayudan sino que también entorpecen la buena convivencia.

Por unos segunditos nos quedamos todos callados, parecía re importante esa tarea que nos estaba dando la seño... pero ¿qué decir?

Josefina que siempre es una de las primeras que se anima a decir algo, comenzó afirmando muy segura: "Yo en la casita de los NO SE PUEDE pondría…", pero antes que pudiera terminar de hablar Lucas la interrumpió y quiso él hablar más fuerte: "Yo creo que…", nadie terminó de escucharlo porque Marianita gritando aún más fuerte intentó decir: "En la de SI SE PUEDE hay que poner…", y Sebi le grito: "Callate, Marianita vos no tenés que decir nada…", "pero yo estaba hablando primero", se quejó Josefina… y Lucas empujando a Sebi gritaba a Marianita: "¡No le digas nada!"… ¡Se armó un lío tan grande! Todos gritábamos y empezamos a pararnos saliendo de la ronda, unos se empujaban con otros, nadie se escuchaba… Yo la verdad me asusté un poco, pero viendo que todos opinaban algo a los gritos también me puse a gritar que mi opinión era que… y entre grito y grito me ligué un empujón de Juan que quería hacer callar a Pepe, pero como Pepe justo se agachó me empujó a mí…

En medio de tanto pero tanto desorden, la seño, que nos miraba sin decir nada desde su lugar en la ronda (me parece que era la única que quedaba sentada en su lugar), comenzó a hablar cada vez más fuerte pidiéndonos que nos sentáramos y nos calláramos la boca:

— Se sienta cada uno en su lugar y se callan la boca —dijo… primero en voz mediana, pero nadie la escuchó—.

— ¡Se sienta cada uno en su lugar! —dijo en voz un poco más fuerte—.

— ¡SE SIENTA CADA UNO EN SU LUGAR! —gritó como pocas veces la escuchamos gritar—.

Ante el grito de la seño, todos nos quedamos paralizados, como cuando jugamos a las estatuas, todos callados e inmóviles…

— Se sienta cada uno en su lugar —volvió a decir la seño
con su tono habitual—.

Y todos, uno por uno fuimos callándonos y sentándonos
en nuestro lugar de la ronda. Una vez que estuvimos todos sentados la seño nos dijo: "Ahora que todos pueden
escuchar. Creo que es importante que pongamos la primera regla en la casita de los SÍ SE PUEDE y la primera regla
en la casita de los NO SE PUEDE", y parándose fue al pizarrón hizo un dibujo de un nene atento a lo que que otro
estaba diciendo con una cruz que le tapaba la boca: "Cuando un nene o una nena está hablando todos los escuchamos atentos y no hablamos hasta que no haya terminado
de decir lo que quería decir". En la casita de los SÍ SE PUE-
DE dibujó a varios chicos levantando la mano pidiendo
permiso para hablar: "Cuando queremos decir algo levan-
tamos la mano, cuando el otro compañero o compañera
termine de hablar la seño le va a ir dando lugar a cada uno
para que sea su momento de opinar y que todos los demás lo escuchen. ¿Qué les parece?".
Medio intimidados por lo que había pasado todos levan-
tamos la mano porque queríamos decir que nos parecía
bien… "Bueno, ya tenemos nuestros primeros dos acuerdos de convivencia, ahora vamos a escuchar a Josefina que
fue la que primero iba a hablar", y mientras todos escu-
chábamos calladitos la boca, le dio a ella la palabra.

Me han dicho que has dicho
un dicho que he dicho yo.
El que lo ha dicho, mintió.

Y en caso que hubiese dicho
ese dicho que tú has dicho
que he dicho yo,
dicho y redicho quedó.
Y estaría muy bien dicho,
siempre que yo hubiera dicho
ese dicho que tú has dicho
que he dicho yo.

El consejo del hada madrina
(cuento sobre convivencia familiar de MJV)

Ese sábado no paraba de llover y como siempre que llueve, me puse de bastante mal humor. No puedo jugar en el patio, ni ir a la calesita con el abuelo, ni salir a la vereda a andar en bici. Tampoco puede venir Fede a jugar a la pelota. En fin, los días de lluvia no me gustan nada, nada. Pero ese día, por lo visto, no era yo el único que estaba de mal humor. Como yo estaba tan aburrido pensé en pedirle a mi mamá si no me preparaba unos ricos panqueques de dulce de leche…

— ¡Mamá! —llamé, pero ella no me contestó—.
— ¡Mamaaaaá! —llamé más fuerte… y nada—.
— ¡MAAAAMMMMAAAAAAAAAAÁ! —grité entonces con todas mis fuerzas mientras abría bruscamente la puerta de su pieza—.
— ¿Qué te pasa, Juanchi? ¡Cómo vas a gritar así y abrir la puerta de esa manera! ¡Cuántas veces te tengo que decir que antes de entrar a una habitación que no es la tuya tenés que golpear la puerta y pedir permiso! Haceme el favor, andate ya mismo a tu pieza y esperá ahí hasta que te llame y que sea la última vez.

— ¡Uffa! —pensé—.

Lo que me faltaba… ahora mamá se enojó y yo me quedo sin los panqueques…
Ya en mi pieza tan pero tan aburrido que no sabía qué hacer, me acosté en la cama y me puse a mirar el techo… me quedé así un rato, medio despierto y medio dormido, hasta que mamá me llamó y me dijo que ya podía bajar… pensé entonces en jugar con los jueguitos. Ahí fui yo… llegué al living y vi que mi papá estaba sentado en el sillón viendo un partido de fútbol, pero sin pensarlo dos veces desenchufé el cable y enchufé los juegos…

— ¡¿Qué te pasa, Juanchi?! —gritó mi papá— ¿Cómo vas a hacer eso? ¡¿No ves que estoy mirando un partido?!… Volvé a enchufar el cable e inmediatamente y subí a tu pieza hasta que yo te diga… ¡y qué sea la última vez que hacés eso! Si alguien está viendo la tele, le preguntas: "Por favor, ¿puedo jugar ahora yo un ratito?", o "¿te molesta si saco el cable y pongo un ratito mis juegos?", y esperás que te responda. ¿ENTENDIDO?

¡Otra vez a la pieza! ¡Noooo! Como les decía, parece que la lluvia no solo me puso a mí de mal humor… ¿Qué les pasa a todos hoy?…
Pausadamente, subí nuevamente la escalera y volví a acostarme en la cama a mirar el techo… Pasaron unos segundos y mi abuelo pasó por enfrente de la puerta de mi pieza con una porción de bizcochuelo en su mano.

— ¿Querés un pedacito? —me preguntó, supongo que intentando que se me fuera un poco toda esa bronca y todo ese aburrimiento—.
— ¡Síí, dame! —no serían panqueques, pero el bizcochuelo también me encanta—.

El abuelo entonces partió su porción por la mitad y me dio una, yo la tomé bruscamente y volví a mi cama ya con el pedazo de torta en mi boca…

— "Gracias", ¿nooooo? —me dijo entonces el abuelo—. Me parece que te hemos enseñado a que cuando te dan algo tenés que decir "gracias"…

"Menos mal que ya estaba en mi pieza" —pensé—, sino seguro el abuelo también me mandaba a mi habitación…

— Gracias —dije entonces con la boca llena, con pocas ganas y despacito… solo para que me oyera y no me dijera más nada—.
— ¿Qué te pasa hoy que estás tan enojado? —me preguntó—.
— Nada —dije con más cara de enojado que nunca— a mí nada ¿qué les pasa a todos ustedes?
— ¿A nosotros? ¿Por qué? ¿Qué pasó?
— Primero mamá me reta y me manda a la pieza porque entré a su habitación y después cuando mamá me dice que ya puedo bajar papá me reta porque quiero jugar a los jueguitos y él estaba viendo un partido de fútbol…
— Mmmm ¿te retaron por eso o por algo más?…
— Uno porque no le pedí permiso y el otro porque no le pedí por favor… pero se supone que uno pide bien…
— No, Juanchi, nadie supone nada ni tiene por qué suponerlo… yo casi te reto también porque cuando te di la torta no me dijiste gracias… pero cuando vi tu cara de enojado me di cuenta que a vos te estaba pasando algo… ¿Querés que te cuente un cuento?
— Bueno —contesté sin ganas y como para que el abuelo creyera que yo le estaba haciendo un favor dejándole que me lo contara—.
— Había una vez —comenzó acercándose a mi cama y acariciando mi cabeza— en un país muy, muy lejano una

pareja de reyes que se amaban mucho y tuvieron la alegría de que naciera su primera hija a la que pusieron de nombre Paloma. Paloma, como casi todas las princesitas de los cuentos, era muy bonita, muy alegre y muy buena, pero como todos la mimaban mucho, siempre que quería algo no tenía que esperar ni cinco minutos para que eso que quería estuviera entre sus manos. Si quería una muñeca nueva… alguien le regalaba en menos de cinco minutos la muñeca que quería… Si quería comer una porción de torta de chocolate, en menos de cinco minutos tenía a su alcance la tan deseada porción… Si quería ir a la plaza, en menos de cinco minutos ya había alguien dispuesto para llevarla. Paloma fue creciendo muy feliz ante la mirada atenta y cuidadosa de sus papás y de todos los que la rodeaban… Tanto creció que llegó el momento de ir al jardín de infantes. La reina y el rey querían que su hijita fuera al jardín no solo para que aprendiera muchas cosas, sino también para que pudiera hacerse muchos amigos y amigas de su edad. Paloma, entonces, como todos los chicos de ese feliz reino comenzó su primer día de clases estrenando un guardapolvo a cuadritos y una mochila con un bolsillo grande que decía su nombre.

Al rato de estar en la salita, a Paloma se le antojó jugar con un osito que tenía otra nena: "¡Dame ese osito!", le dijo, y la otra nena que también quería jugar le contestó: "No te lo doy, estoy jugando yo…". Paloma no lo podía creer, ¿cómo esa nena no le daba inmediatamente el osito? Y sin dudarlo se lo sacó de un tirón provocando el enojo y el llanto de su compañerita.

La maestra, al ver lo que ocurría, se acercó a las dos nenas y mirando a Paloma le dijo:

— Paloma no podés sacarle el osito así a tu compañera, en todo caso tenés que pedírselo por favor, "por favor, ¿me prestás el osito que tengo ganas de tenerlo yo un ratito?".

Ahora dáselo, pedile perdón y en un ratito se lo pedís como corresponde —agregó su seño—.

"¿Qué será eso de pedir por favor? ¿Qué será pedir perdón?", pensó Paloma, y sorprendida y bastante enojada no dijo nada y se fue a jugar con otro juguete.
Pasó un ratito y llegó la hora de la merienda. Antonia, la señora que ayudaba en la cocina de ese jardín, sirvió a cada uno de los nenes y de las nenas un vaso de leche y tres vainillas. Cuando le tocó el turno a Paloma, la nena la miró muy seriamente y le dijo:

— ¡Ponelas aquí! —y señaló el lugar de la mesita donde quería que pusieran las galletitas—.
— Me parece que se dice "gracias", ¿no, princesita? —le dijo dulcemente Antonia—.

"¿Gracias? ¿Qué será esto de decir gracias?", se preguntó entonces Paloma y cada vez más enojada se puso a tomar su merienda sin hablar nada con nadie.
Pero el primer día de jardín de Paloma no había terminado y llegó el momento de hacer el trencito para ir a saludar a la bandera. Fue ahí cuando la princesita se le ocurrió que ella tenía que ser la primera de todas y, empujando a cada uno de los nenes y nenas que estaban adelante suyo, se plantó delante de todos bien cerquita de la maestra.

— ¡Paloma! —dijo la seño con la cara bastante seria—. Tenés que pedir permiso, no empujar de esa manera a todos. ¿No ves que así podés lastimar alguien?

Y tomándola de la mano la llevó al lugar del trencito en el cual se encontraba antes de empujar a todos.
"¿Permiso? ¿Qué será pedir permiso?", se preguntó la princesa, ya con ganas de irse a su casa y no volver nunca más a ese jardín…

En el palacio, muy ansiosos, la esperaban su mamá y su papá. Los reyes querían que su amada princesita les contara paso a paso todo lo vivido en su primer día de jardín. Pero Paloma no quería hablar con nadie, no quiso ni abrir su boca, ni para hablar, ni para comer y fue corriendo a su habitación, cerró la puerta y no dejó entrar a nadie.

Fue en ese momento cuando ya no sabían qué hacer que el rey y la reina llamaron al hada madrina para que averiguar lo que realmente había pasado.

El hada, que no necesitaba que nadie le abriera la puerta para entrar en la habitación, apareció entonces de sorpresa y se sentó al borde de la cama en la que Paloma seguía acostada con cara de enojo.

— Hola —le dijo—, no me cuentes nada… ya sé todo, todo lo que te pasó y estoy aquí para enseñarte unas palabritas mágicas que te van a servir toda tu vida…

— ¿Unas palabritas mágicas? ¿Para qué yo haga magia?

— Sí, una especie de magia… unas palabritas que te van a ayudar toda la vida a llevarte mejor con los demás y pasar momentos felices junto a los otros… y que nunca más te vuelva a pasar lo que te pasó hoy en el jardín…

— ¿Y cuáles son esas palabritas? —preguntó la princesita haciendo pucherito y con lágrimas en sus ojitos—.

Entonces el hada le dijo:

— Por favor, cuando tenés que pedir algo.

Gracias, cuando te lo dan.

Permiso, cuando querés entrar a algún lugar o tomar algo que no es tuyo.

Perdón, si te das cuenta que te equivocaste o lastimaste a alguien.

De nada, cuando alguien te da las gracias.

— ¡Ah! ¡Todo eso que querían que dijera en el jardín…!

— Sí, Paloma, vas a ver que si mañana usas esas palabritas, vos y los demás chicos la van a pasar mucho, mucho mejor…

— Ahora levantate, lavate bien la carita y vamos a contarles a los papás todo lo que viviste hoy.

— ¿Te puedo hacer una preguntita? —dijo la princesa—.

— Por supuesto, preguntame lo que quieras —le contestó el hada—.

— ¿Por qué no hacés desaparecer el día de hoy y mañana comienzo todo de nuevo?

— No, Paloma, no es malo equivocarse... el día de hoy fue muy importante y aprendiste muchas cosas… si no hubieras tenido las experiencias que tuviste este día, nunca hubieras podido aprender lo importante que es usar estas palabritas… ¡vamos, linda, mañana vas a pasar una tarde hermosa!

Y colorín colorado el cuento de la princesita Paloma… se ha terminado.

— ¿Te gustó, Juanchi, el cuento? —me preguntó el abuelo—.

— ¡Sí, abuelo! ¿Mañana me lo contás otra….? ¿Mañana, por favor, me lo contás otra vez?

— Mañana vemos, ahora bajemos, me parece que dejó de llover y quizás todavía tengamos tiempo de llegar a la calesita.

¡Qué lío en la ciudad!
(cuento sobre convivencia vial de MJV)

La Montaña Azul es un hermoso lugar donde viven varias familias de brujos: en este lugar de ensueño, las casitas están especialmente preparadas para que los brujos puedan vivir felices. En ninguna falta agua fresquita y cristalina para beber, frutas y verduras para comer, y alguna rica sopa para tomar, abrigo en el invierno, camitas muy cómodas para descansar, el gran libro de los hechizos, un caldero de metal parecido a una cacerola pero mucho más grande, donde los brujos suelen preparar sus pócimas mágicas, una chimenea para calentar el caldero, una lechuza para avisar quién llega y, por supuesto, una escoba para ir de aquí para allá cuando las distancias son tan largas que no se puede ir caminando.

Todos: brujos, brujas, brujitos, brujitas, lechuzas, algunas especies de pajaritos y otros animalitos, que suelen encontrarse bien alto en las cimas de las montañas, viven en paz, en armonía y tratándose bien. Siempre se ayudan mutuamente porque ya hace muchos años descubrieron el secreto "del buen vivir".

En ese hermoso pueblito donde la vida es muy tranquila, se encuentra la familia de Paco, el brujo doctor, que es el que sabe curar a sus compañeros o compañeras si en algún momento se enferman. Paco está casado con Paca que, por supuesto, es también una bruja, y tienen dos hijos brujitos: Paquito, el más grande, y Paquita la más chiquita.

En la ladera de la montaña, allí abajo, donde parece que esta termina y se ensancha el río, comienza una gran ciudad. A medida que nos vamos acercando, los edificios van creciendo en altura y también en cantidad, las calles se llenan de autos, colectivos, camiones, bicicletas y motos y puede verse mucha, muchísima gente que se traslada por ellas para ir a trabajar, a la escuela, a comprar a los numerosos comercios y al shopping, a los hospitales, a los cines y teatros y también a las plazas.

Para poder transitar sin tanto peligro y como en casi todas las ciudades, la gente obedece las reglas de tránsito: los peatones cruzan por las rayas blancas y solo cuando el semáforo está en verde. Los automovilistas o colectiveros aminoran la velocidad cuando van a pasar cerca de una escuela o un hospital y están atentos a las señales que indican su presencia, respetan la dirección de las calles y evitan ir a contramano, no cruzan con las barreras bajas dejando paso al ferrocarril. Las personas que andan en bicicleta o moto utilizan sus cascos y en los autos nadie se olvida de ponerse el cinturón de seguridad.

La gente de la ciudad vive tan apurada y tan preocupada por todo que son muy pocos los que saben que allá lejos, en la Montaña Azul, viven familias de brujos que pasan su tiempo entre árboles y flores, trabajando en lo que más les gusta y saben hacer, siempre cantando y compartiendo entre sí todo lo que tienen, para que nunca le falte nada a ninguno.

En cambio, todos los brujos, brujas, brujitos, brujitas, lechuzas, pajaritos y otros animalitos que viven allí arriba conocen lo que pasa abajo cruzando el río, en la ciudad y cómo viven corriendo y corriendo las personas y los peligros que los acechan.

Es por eso que, desde que nacen, cualquier brujito y brujita sabe que por ningún, pero por ningún motivo puede ni bajar la montaña, ni cruzar el río y mucho menos entrar en ciudad.

Paquita es, no les quiero mentir, una brujita bastante traviesa y desobediente y en más de una oportunidad se metió en líos bastante grandes. Una vez, no hace mucho, utilizó la varita mágica que su mamá le había dicho que no tocara y convirtió a la pobre lechuza en un ciervo. Otra vez su papá estaba preparando una pócima para curar a un vecino que estaba muy resfriado y en un descuido de este puso un poco en un frasquito y se lo llevó a la bruja abuela de la casita de al lado asegurándole que el remedio le iba a servir para mejorar su visión y lo único que pasó fue que la viejita estuvo estornudando y moqueando casi un mes.

Pero, lo que hizo el martes pasado superó todos los límites: sin decir nada se puso sus botitas de salir, su impermeable negro y su gorro puntiagudo y en su bolsito nuevo de telaraña guardó la varita mágica de Paquito (la suya la había roto en la escuela) y algunos frasquitos de distintos colores que había tomado al azar de la botica de su papá. También, guardó unos pañuelitos y el teléfono celular que su mamá había olvidado sobre la mesa.

Caminando y caminando despacito y sin que nadie se diera cuenta ya entrada la hora de la siesta, fue bajando la montaña, saltando piedritas, corriendo mariposas y atravesando riachos. Unas horas más tarde el Sol, que la seguía bastante preocupado, vio cómo la niña cruzaba el puente de colores que, por encima el río, unía el final de la montaña con el comienzo de la ciudad. "No se animará a entrar", pensó, pero se equivocó…

Sin ningún reparo y nada, nada de miedo, Paquita entró a la ciudad por el camino grande y fue acercándose al centro de la misma, donde los edificios eran más y más altos y más gente y medios de transporte había.

Tan apurados caminaban todos queriendo llegar a algún lado, que nadie se deba cuenta de la presencia de una brujita en la ciudad, hasta que un bebé de un poco más de un año que se encontraba en su cochecito, empezó a llamar con sus balbuceos a su mamá:

— ¡Mamá "miá"! —dijo en lugar de "mirá" —. ¡Mamá, mamá miá! —insistió varias veces y en tonos cada vez más fuertes hasta que por fin logró llamar la atención de su mamá—.

— ¿Qué pasa? ¿Qué querés? ¿No ves que estoy apurada?
—le dijo sin parar de correr—.
— "Miá" la nena —dijo señalando a Paquita que estaba
distraída en medio de tanto barullo—.
— Qué linda —dijo la mamá y siguió caminando bien rápido, sin ni siquiera pensar qué podía hacer una nena tan
chiquita sola y disfrazada de brujita en el medio de esa
gran ciudad—.
— ¡Mamá, la nena! —volvió a decir el bebé—. "Tene go-
do"… —en lugar de "tiene gorro"—.
— Bueno, me alegro —contestó la mamá sin dejar de caminar y sin pensar bien lo que decía—.

Pero en solo unos segundos las palabras de su bebé se re-
pitieron solas en su cabeza y empezó a preguntarse: "¿Una
nena? ¿Tiene gorro? … ¿Qué dice mí bebé?". Fue en ese
momento cuando miró a su lado y vio cómo, un poco más
adelante, Paquita iba a cruzar la avenida sin tener en cuenta para nada las luces del semáforo, donde colectivos, autos, bicis y motos iban y venían a toda velocidad.

— ¡Paraaaaaará, nena! ¡No cruceessssssssss! ¡El semáforo
está en ROOOOOOJJJJJJJJJOOOOOO!

Con tal mala suerte que Paquita además de pegarse un
susto bárbaro se tropezó, se cayó y se rompieron todos
los frasquitos que llevaba en su carterita mezclándose todas las pócimas desparramadas por el suelo.
Inmediatamente a su caída, la ciudad, totalmente hechi-
zada, comenzó a transformarse: los semáforos cambiaron
los colores, las rayas blancas de las esquinas desaparecie-
ron, las señales de tránsito se mezclaron todas y cada una
apareció en un lugar que no le correspondía. Donde estaba la de escuela ahora aparecía una de "cuidado con el
tren", donde estaba la del tren una de "no doblar a la derecha", donde estaba la que indicaba el hospital apareció

una de "curva peligrosa" y en donde había una curva peligrosa apareció la de "no ir a menos de 60 km por hora"…
En una calle en la que había aparecido mágicamente un cartel que indicaba "rotonda", los autos daban vueltas uno detrás de otro como si fuera una calesita… En fin, un desastre… En pocos minutos, todo fue un caos impresionante. Nadie sabía qué hacer, si seguir, si frenar, si doblar, si cruzar, si acelerar… si venir, si ir… Los chicos que tenían que entrar en la escuela, ingresaron al hospital y los enfermos fueron a parar en medio de la estación del tren.
Paquita, consciente del lío que había hecho, comenzó a correr y correr con su varita en la mano. Sin querer, a su paso y en su alocada carrera iba tocando a distintas personas convirtiéndolas en estatuas, a estatuas en personas, perritos en pajaritos, nenes en policías… policías en viejitas… complicando todo mucho más aún.
Su desesperación comenzó a crecer y las lágrimas empezaron a brotar de sus ojitos.

— ¡Qué lío! ¡Qué lío, mamita querida! ¿Qué hice? ¿Qué hago? —se preguntaba sin parar de llorar y fue allí cuando se acordó que en su carterita tenía todavía el celular de su mamá y sin pensarlo dos veces llamó a su casa—. Hola, soy Paquita —dijo con un hilito de vos—.
— ¿Dónde estás, Paquita? —preguntó Paquito—. Todos te están buscando… están muy preocupados…
— Es… tto…y en la ci…uuu…dad —dijo la brujita con la voz aún más baja y más cortada—.
— ¿Estás en dóndeeeeeeee? —gritó Paquito que no podía ni quería creer lo que estaba diciendo su hermana—.
— En la ci….uuu…dadddd —volvió a repetir Paquita esta vez un poquito más fuerte pero ya en medio de un sollozo—.
— UUUUhhhhhh ¿pero qué hacés ahí? ¿Estás loca? ¿Qué hicisteeeee?

— Lío… mucho lío —exclamó Paquita en un arranque de sinceridad—. ¡Mucho, mucho lío!

— No te muevas de ahí ni hagas nada nada más, enseguida le pido a papá y a mamá que te vayan a buscar —ordenó severamente Paquito—.

— Decile a papá que traiga la varita de arreglar cosas, porque no sabés lo que es la ciudad… —agregó Paquita otra vez en vos bien bajita—.

— ¡No te muevas! ¿Escuchaste? ¡No toques nada ni hagas nada más!

En un abrir y cerrar de ojos, porque la magia es así, los papás estuvieron en la ciudad justo, justo en donde estaba esperando sentadita y quietita Paquita sin parar de llorar.

— ¡Hija… hijita! ¿Estás bien? —fue lo primero que preguntó la mamá cuando la vio mientras la abrazaba contra su pecho—.

— ¡Qué travesura! ¡Qué lío! ¡Qué desorden! —fue lo primero que exclamó el papá—.

En otro abrir y cerrar de ojos, porque, como ya dije, la magia es así, los papás de Paquita, cada uno con su varita, fueron poniendo cada cosa en su sitio y de a poco la ciudad fue volviendo a su ritmo habitual, las señales de tránsito se pusieron en su lugar, aparecieron las rayas blancas en las bocacalles, las estatuas se volvieron las personas que eran antes y las personas que antes eran estatuas volvieron a serlo, los policías volvieron a ser nenes, los pajaritos perritos y las viejitas policías.

La mayoría de la gente, de tan apurada que estaba, ni se había dado cuenta de lo ocurrido, solo un bebé y su mamá todavía se encontraban paralizados del susto y con la boca bien abierta.

Con ellos, Paco y Paca utilizaron la magia que solo usan en momentos muy, pero muy especiales y tocándolos suavemente lograron que despertaran como de un sueño y que al llegar la noche, no recordaran nada de lo ocurrido. A pesar de todo, la visita de Paquita a la ciudad, gracias a la magia de sus papás, iba a pasar inadvertida.

Y colorín colorado el cuento de la ciudad y la brujita Paquita… se ha terminado.

Recursos para fortalecer la autoestima y la identidad

¿Por qué trabajar el fortalecimiento de la autoestima y la identidad con los más chiquitos?

uando las personas están sanas físicamente es difícil encontrar una característica en su forma de actuar que no esté vinculada a la estima que siente, o no, sobre su persona. La autoestima es la percepción que cada uno tiene de sí mismo: de nuestro modo de ser, de nuestro aspecto físico, de las características mentales y espirituales que configuran nuestra personalidad.

Si bien los otros son esenciales en el proceso de esta cimentación, la autoestima se construye o reconstruye continuamente y siempre en la propia intimidad. Es un sentimiento que se expresa invariablemente con hechos.

Una apropiada autoestima nos sitúa positivamente frente a todo tipo de situaciones y nos aporta un nivel de motivación que influye sobre nuestra conducta, en nuestras relaciones, en nuestro aprendizaje de vida y en el modo que, como adultos, ejercemos nuestra responsabilidad personal.

Los criterios mediantes los cuales las personas nos evaluamos a nosotros mismos son siempre culturales. Van a surgir de la comparación que cada uno haga con ese perfil de —niño, adolescente o adulto— esperado que en un primer momento la familia y luego la escuela y la sociedad comunican por medio de incansables mensajes manifiestos o latentes.

El lenguaje y la comunicación son muy importantes a la hora construir la estima en los más pequeños. El "espejo" en el cual los niños se reflejan primariamente supone un sinfín de pensamientos, frases, criterios, juicios, comparaciones e ideas. Ayudar, o no, a fortalecer la estima de un niño pequeño depende en gran medida de lo que le digamos y le contemos.

Por otra parte, todas las personas tenemos derecho a la identidad y al conocimiento de nuestra historia familiar y origen, y es importante que los niños y las niñas puedan conocer su propia historia desde chiquitos ya que ello también colabora con la construcción de su propia aceptación y el fortalecimiento de su estima.

Por medio de relatos, cuentos, coplas, poemas, adivinanzas y trabalenguas, los adultos podemos promover diálogos que colaboren en este camino o bien utilizar estos recursos cuando por alguna situación creemos pertinente fortalecer la autoestima o la identidad de nuestros pequeños.

El burro flautista
(fábula en verso de Iriarte)

Esta fabulilla
salga bien o mal,
se me ha ocurrido ahora
por casualidad.

Cerca de unos prados
que hay en un lugar,
pastaba un burrito
por casualidad.
Una flauta en ellos
halló, que el joven Juan
se dejó olvidada
por casualidad.

Se acercó a olerla
el buen animal
y dio un resoplido
por casualidad.

En la flauta el aire
se pudo colar,
y sonó la flauta
por casualidad.

¡Oh! —dijo el borrico—
¡Qué bien sé tocar!
¡Y dirán que es mala
la música asnal!

El jorobado y el espejo

(verso corto de Frutos Joaquín Gutiérrez)

Al espejo se miró
cierta vez un jorobado,
y al verse, muy enojado
de un golpe al mismo rompió.

Pero nada pudo evitar
con su rabia inoportuna
pues los pedazos a una
lo volvieron a reflejar
y al paso que se rompía
su número aumentaba
y en más partes se miraba
mientras más enfurecía.

Los duendecillos

(cuento en verso de los hermanos Grimm)

El zapatero cuero picó,
corta zapatos, grandes y chicos.
El zapatero cuero picó,
corta zapatos, grandes y chicos.

Al poco tiempo un magistrado
se admiró ante su calzado.
Jamás vio cosa tan bien cocida
y lo compró enseguida.

Entró entonces un parroquiano
buscando calzado llano.

Jamás vio cosa tan bien cocida
y lo compró enseguida.

El zapatero cuero picó,
corta zapatos, grandes y chicos.
El zapatero cuero picó,
corta zapatos, grandes y chicos.

Un muchacho que corre mucho
busca zapatos pero a su gusto
botas para caminar…
botas para patinar…

Llegan vecinas pizpiretas
buscando cómodas chancletas.
Jamás vieron cosa tan bien cocida
y las compraron enseguida.

¿No somos mozos
guapos y elegantes?
¿Por qué seguir zapateros como antes?

El reino de los sin nombre
(cuento de MJV)

— Decime, Guille, ¿por qué le pusieron Valentina a tu hermanita? —preguntó Lili—.

Guille se quedó pensando un ratito y contestó:

— Porque le gustaba a mi mamá… ella me contó que cuando era chiquita tenía una vecinita con la que jugaba todo el día que se llamaba Valentina y que siempre pensó que cuando tuviera una bebé le iba a poner ese nombre… y ¿a vos? —preguntó Guille—. ¿Por qué te pusieron Lili?
— Yo me llamo Lilián, me dicen Lili… pero no sé por qué me pusieron ese nombre. Después les voy a preguntar a mis papás…

La seño que estaba escuchando cómo conversaban entre ellos nos dijo a todos:

— Es muy lindo saber por qué nos pusieron el nombre que tenemos ¿no les parece?
— ¡Sí! —dijimos todos—.
— Vamos a hacer algo… para mañana cada uno va a preguntar a su familia por qué les pusieron el nombre que tienen y cómo fue que se decidieron. Quién lo propuso y todo lo que su familia recuerde de ese momento… y mañana cuando nos encontremos, cada uno lo va a contar al resto del grupo.
— ¡Sí!
— ¡Dale!
— ¡Qué bueno!!
— Yo le voy a preguntar también por qué les pusieron los nombres a mis hermanos…
— A mí seguro que me lo pusieron por mi abuela, porque se llama como yo…

Todos queríamos opinar algo.

— ¿Quieren que les cuente lo que ocurrió hace mucho tiempo en un reino muy lejano, en el reino de los sin nombre? —preguntó la seño—.

Antes de que la seño terminara de preguntarnos, todos ya estábamos calladitos y preparados para escuchar esta nueva historia y ella entonces comenzó el relato:

— Esto que les voy a contar ocurrió hace mucho tiempo en un reino muy hermoso, allá lejos... del otro lado del mar... En este lugar que les cuento, la gente vivía feliz, a nadie le faltaba nada... cada uno tenía todo lo que necesitaba para estar bien. Vivían en paz y conocían el valor de ayudar al otro cuando el prójimo lo necesitaba.

Como en todos los reinos del mundo, cada persona de este lugar era llamada por su nombre y ese nombre era elegido con mucho amor por sus papás y sus familiares más cercanos durante el tiempo que el bebé estaba en la panza de su mamá. "Si es varón", decían "se va a llamar Edmundo y si es nena le vamos a poner Herminia...". Este tema, el de poner el nombre a un hijo o a una hija, en este reino era un tema realmente serio.

Algunos decidían ponerle de determinada manera en honor del padre, o del abuelo... o por una tía o una hermana. Otros lo elegían pensando en el personaje de su novela favorita, en algún cantante famoso o en alguien que admiraban o querían mucho.

También estaban los que ponían el nombre según el día en el que naciera la beba o el bebé. Por ejemplo: si era una nena y ese día había llovido mucho... le ponían de nombre Tormenta o si justo había florecido determinada flor en el jardín, le ponían Rosa, Jazmín o Margarita. Si era varón y nacía el día de Pascuas, lo llamaban Pascual. Así cada familia, desde el origen de los tiempos de ese reino, iba eligiendo con mucho cuidado y emoción el nombre de esa personita tan chiquita, pero tan importante que estaba por nacer.

En este reino que les cuento, no había muchas personas, así que era muy raro que un nombre se repitiera muchas veces. Pero como eran tiempos muy buenos y la gente estaba muy feliz, cada vez nacían más bebas y más bebés, las familias se fueron agrandando y los nombres comenzaron a repetirse.

Es así que, después de una hermosa noche de luna redonda y amarilla, a más de una nena nacida en tal ocasión le ponían el nombre de Luna. O cuando el rey ganaba una importante batalla, distintas nenas eran nombradas Victoria y si durante una época se había hecho muy famoso un cantante de nombre Raimundo, todas las mamás querían que su hijito llevara ese nombre. Entonces, la gente cuando tenía que llamar a alguien, para saber bien a quién se referían decían: "Luna del Campo… o Raimundo del Río… o Victoria de Fernando" (si su papá se llamaba de esta forma), y fue así que las personas de este reino comenzaron a tener además de un nombre, un apellido.

Todo marchaba muy bien: cada uno sabía cómo se llamaba, de dónde venía, quién era su familia. Cuando alguien tenía que nombrar a otra persona, rara vez se equivocaba. Cada uno tenía bien claro quién era.

Pero como pasa en casi todos los cuentos, lo bueno no podía durar por mucho tiempo. Y ocurrió que un grupo de brujas malas, aprovechando la riqueza y la paz que predominaban en este país y queriendo que toda esa fortuna fuera solamente para ellas, hicieron desaparecer al rey y tomando su lugar comenzaron a cambiar las cosas de tal manera que la gente ya no podía hacer lo que quería: no podían juntarse en la plaza como antes, ni vestirse como más les gustaba, ni ir a los lugares que antes frecuentaban, no podían leer libros de historias interesantes, ni escuchar a sus cantantes favoritos. Era como vivir en un país todo gris, sin colores, donde todos parecían máquinas que trabajaban o estudiaban sin tener tiempo ni ganas de hacer otras cosas.

Uno pensaría que no podría haber pasado nada más feo que todo esto que ya les ocurría… pero no. Aún les esperaba algo muy triste a los habitantes de ese reino. Cuando las brujas se ponían de mal humor a muchas personas les quitaban su nombre.

Como los habitantes de este reino estaban tan cansados y tan tristes de que todo fuera de esa manera, cada vez eran más las personas que se animaban a reclamar y a quejarse y cada vez fueron más los que en esos tiempos de tanto dolor, perdieron su nombre. Nadie los podía llamar, no sabían quiénes eran, hasta se olvidaban en dónde y con quién vivían.

Pero como pasa también en la mayoría de los cuentos, lo malo no puede durar eternamente. La gente del lugar comenzó a organizarse para que las brujas tuvieran que irse. Y reunidos durante seis días y seis noches en los que casi no durmieron y pensaron y pensaron sin parar, se les ocurrió la gran idea y lograron su objetivo: poner presas una por una a cada una de las brujas que desde ese día fueron obligadas a trabajar, a hacer cosas buenas para ayudar a los demás y a utilizar su magia para hacer aparecer al buen rey.

Cuando el viejo rey volvió, nació en la comarca una renovada esperanza de que todo comenzara, por fin, a ser como antes. El reino empezó a re construirse poco a poco…

Y ustedes me preguntarán ahora: "¿Y qué pasó con todas esas personas a las que se les había quitado el nombre?".

Costó mucho que cada una de ellas supiera quién era y cuál era su familia, pero gracias al esfuerzo de todos y sobre todo a un grupo de especialistas que estudió mucho para aprender cómo ayudarlos, cada uno fue logrando reconstruir su propia historia, recuperar la memoria y reencontrarse con los suyos.

Y en este reino de este cuento el pueblo volvió a vivir feliz, todos volvieron a ayudarse mutuamente y a llamar a cada uno por su nombre.

Entonces, el rey que quería que nunca más volvieran a ocurrir cosas tan feas, trabajó mucho por el bien de su país y dictó muchas leyes que favorecieron a todas las personas que vivían en él. Una de las normas más importantes que redactó aún sigue vigente y dice más o menos así: "Todos los bebés y las bebas que nazcan en este reino tienen derecho de por vida a tener un nombre y un apellido y a saber dónde y cuándo nacieron. Aquellos que oculten esta información o hagan algo para que alguna persona no la sepa serán castigados con todo el peso de nuestra ley".

Cuando la seño terminó de contar la historia le dije despacito a Lili que estaba a mi lado:

— ¡Qué suerte que nunca vivimos en ese lugar! ¿No?
— Sí, menos mal —me contestó ella—. Debe ser muy feo eso de no saber quién sos.

¿Quién es, quién es
el hermano de tu hermano
que tu hermano no es?
Sos vos.

Todo el mundo lo lleva,
todo el mundo lo tiene,
porque a todos les dan uno cuando al mundo viene.
El nombre.

Es un momento muy importante,
cuentas tu edad desde ese instante.
El día que naciste.

(trabalenguas popular)

Porque puedo puedes
Porque puedes puedo
Pero si no puedes
Yo tampoco puedo.

Recursos para trabajar valores

¿Por qué trabajar valores con los más chiquitos?

Nadie pone en duda hoy la importancia de la educación en valores y que los mismos se transmiten desde los primeros meses de vida, aunque se consoliden en edades posteriores. Los primeros años de vida son determinantes.

El aprendizaje de valores es un camino que necesariamente debe ser activo y en el cual cada niño y niña debe ser un partícipe directo.

El bien, la amistad, el respeto, la colaboración, la verdad, la convivencia armónica, la justicia, la comprensión mutua, la honradez, etc. se irán construyendo a partir de las habilidades sociales que vayamos enseñando a nuestros niños.

La construcción de valores es un proceso personal y libre que se fortifica a partir de la propia identidad y en miras a un mundo mejor para todos.

Había una vez en un país no muy lejano tres niñitas muy inteligentes. Las mismas, continuamente, preguntaban y preguntaban de todo a su papá y a su mamá y como pasa en todas las familias, sus papás sabían darle respuesta a algunas de sus preguntas, pero a otras no.

— ¿Por qué es de noche? —preguntaba la más grande cuando el sol se había escondido—.
— ¿Por qué es de día? —preguntaba la mediana cuando ya había amanecido—.
— ¿Cómo aprenden a maullar los gatos? —preguntaba la más chiquitita—.

Y así, se pasaban muchas horas del día preguntando y preguntando…
¡Todo! ¡Querían saber TODO! Pero además, disfrutaban mucho esto de poner en problemas a sus papás y se reían a carcajadas cuando, por ejemplo, ante una pregunta su papá o su mamá al no saber la respuesta le decían algo así:

— Bueno, en realidad… yo creo que… ¡No es momento para hacer preguntas! ¡Cuando seas más grande lo vas a saber!

Cansados de esta situación los papás decidieron mandar a las niñas con un gran maestro, un sabio que, según se decía en el pueblo, tenía respuestas para todas las preguntas. Todas las mañanas a las diez en punto, las niñas llegaban a la casita del sabio, que quedaba del otro lado de colina. El sabio, entonces, respondía con toda paciencia y sencillez, las preguntas que las niñas le hacían. Impacientes con el sabio y bastante enojadas porque no podían reírse como lo hacían con sus padres ya que este de verdad conocía todas las respuestas, las tres pequeñas decidieron engañarlo inventando una pregunta que, fuera cual fuera la respuesta, el sabio la contestara mal.

Ese día, como todos los días a las diez en punto de la mañana, las tres hermanitas llegaron a la casa del sabio. Una de ellas, la mayor, había cazado por el camino una hermosa mariposa azul que usarían para embromar al viejo maestro.

— ¿Qué vas a hacer con la mariposa? —preguntó la hermanita más pequeña—.
— Voy a esconder la mariposa entre mis manos y le voy a preguntar a él si la mariposa está viva o muerta… Si me dice que está muerta, abriré mis manos y la dejaré volar y si dice que está viva, la voy a aplastar.
— Jajajajajaja —rió la hermana del medio—. Así cualquiera que sea su respuesta, ¡va a ser una respuesta equivocada!

Las tres niñas, felices con su trampa, fueron al encuentro del sabio que estaba muy tranquilo sentado en un sillón.

— Tengo aquí una mariposa azul. Dígame, maestro, ¿está ella viva o muerta?

Muy sabiamente el sabio sonrió y le respondió:

— Depende de ti… ella está en tus manos.

Canción de los robles
(canción de Guillermo Eugenio Vernieri)

Los Robles de mi casa
tienen una historia
para contar.
Que se trata de un fantasma
de la época medieval.

Ni las brujas, ni los duendes
con el podían hablar.
Pues tenía la manía
de tratar a todos muy mal.

Pero llegó el día
en que estuvo solo
y nadie venía
su tristeza a consolar.

Pronto se dio cuenta
que no era nadie
y que estaba errado
era tiempo de cambiar.

Desde entonces en la casa
la justicia comenzó
la justicia que el fantasma
en su época despreció.

Todos, todos se comprenden
y se tratan de ayudar.
Inclusive aquel fantasma
de la época medieval.

Por eso Los Robles
alegran mi casa
y cuentan la historia
a la gente del lugar.

Para que los hombres
no se sientan solos…
hoy es tiempo de cambiar.

Juntos podemos
(cuento de MJV)

Había una vez un hada madrina que además de hacer todas las cosas que habitualmente hace un hada madrina: desencantar sapos y convertirlos en príncipes, dotar de virtudes a princesitas recién nacidas, cambiar calabazas por carrozas y todas las otras cosas que ustedes saben que hacen las hadas madrinas, le gustaba mucho escuchar y contar cuentos.

Un día que estaba muy aburrida con cara de enojada y de triste (porque las hadas madrinas también se aburren y se ponen tristes) pensaba y pensaba qué hacer de su vida cuando se le ocurrió una gran idea:

— Voy a juntar en un solo libro los cuentos que más me gustan, así cuando quiera leerlos o contarlos a todos mis amigos, no tengo más que buscar el libro y sentarme con ellos alrededor del tronco encantado.

Feliz con esta nueva idea y con una sonrisa de oreja a oreja, empezó a pensar y a pensar qué cuentos iba tener ese libro tan especial… Pero aunque no lo puedan creer, no se le ocurría ninguno. ¡Tantos cuentos que sabía!
Ya estaba poniendo cara de enojada y de triste otra vez cuando pasó una mariposa verde y azul:

— Hola, mariposa —dijo el hada—.
— Hola, hada madrina, ¿qué te pasa?
— Quiero escribir un libro de cuentos pero no recuerdo ninguna historia…
— Lo que tenés que hacer —dijo la mariposa— es tomarte un tiempito y recordar tranquila qué cuentos te contaba tu mamá o tu abuelita.
— ¡Sí! Tenés razón, ya estoy recordando alguno.
— ¡Me alegro! Me tenés que prometer que ni bien los tengas escritos me vas a invitar a escucharlos, ¿te parece?
— ¡Trato hecho! —dijo el hadita con una sonrisa de oreja a oreja—.

Y luego, de a poquito fue recordando uno por uno. "¿Y dónde los voy a escribir?", pensó… y no se le ocurría nada y cuando ya estaba poniendo cara de enojada y de triste otra vez vio al árbol gigante del bosque:

— Hola, árbol —dijo el hada—.
— Hola, hada madrina.
— Quiero escribir un libro de cuentos pero no tengo hojas en donde escribirlo…
— Elegí las hojas más grandes que yo tenga y uní por sus extremos una por una y ahí vas a poder escribir los cuentos.
— ¡Sí! Qué buena idea —dijo el Hada—.
— Me tenés que prometer que ni bien los tengas escritos me vas a invitar a escucharlos, ¿te parece?
— ¡Trato hecho! —dijo el hadita con una sonrisa de oreja a oreja—.

Buscó, entonces, las hojas más grandes del árbol gigante y con mucha paciencia fue uniendo por uno de sus extremos hojita con hojita: ya tenía armado el libro en el cual iba a escribir sus amados cuentos. Pero ¿con qué los iba a escribir? Desde ya les digo que en ese bosque no había computadoras ni lápices y ni una sola lapicera.
Ya estaba poniendo cara de enojada y de triste otra vez, cuando vio un hermoso cisne blanco que nadaba en la laguna azul:

— Hola, cisne —gritó—.
— Hola, hada madrina —contestó el cisne—.
— ¿Me podés regalar una pluma de tu ala para que pueda escribir los cuentos en mi libro mágico?
— ¡Sí! —le dijo el cisne—. Pero me tenés que prometer que ni bien los tengas escritos me vas a invitar a escucharlos, ¿te parece?
— ¡Trato hecho! —dijo el hadita con una sonrisa de oreja a oreja—.

El Cisne se sacó cuidadosamente la mejor pluma de su ala y se la dio.
"Ya recordé los cuentos, ya preparé el libro, ya tengo la pluma… pero me falta algo. ¿Con qué voy a mojar la pluma para poder escribir?", pensaba y pensaba, pero no se le ocurría nada. Cuando ya estaba poniendo cara de enojada y triste otra vez, vio las florcitas de todos colores que contentas se mecían al ritmo del viento soñador:

— Hola, florcitas —les dijo—.
— Hola, hada madrina —contestaron las florcitas—.
— ¿Me pueden regalar un poco de sus colores para poder mojar la pluma y escribir los cuentos en mi libro mágico?
— ¡Sí! —dijeron las florcitas—. Pero nos tenés que prometer que ni bien los tengas escritos nos va a invitar a escucharlos, ¿te parece?

—¡Trato hecho! —dijo el hadita con una sonrisa de oreja a oreja—.

Y así fue cómo el hada madrina, con bastante esfuerzo y la ayuda de sus amigos, pudo por fin escribir ese libro que tanto quería y en un "santiamén" (tiempo muy cortito) la mariposa, el árbol gigante, el cisne blanco y las florcitas estaban sentados alrededor del tronco encantado escuchando los cuentos que el hada madrina con una sonrisa de oreja a oreja, no dejaba de contarles…

Jugando
(trabalenguas popular)

Jugando a un juego juicioso
juncos juntaba Julián
juntase Juan a juntarlos
y juntos juntaron más.

Aventura de periquito
(cuento en verso popular colombiano)

Una vez que Paquito
vio un claro y limpio arroyuelo,
pensó bañarse y sin más,
dejó su ropa en el suelo.

Desnudo como un sapito
se puso a nadar contento,

cuando se llevó sus ropas
una ráfaga de viento.

Salió del agua y se puso
a llorar con desconsuelo.
Una vaca que pasó
se arrancó un trozo de cuero,
y enseguida le brindaba
un par de zapatos nuevos.

Un gusanito de seda
que lo vio tan preocupado
se puso a coser ligero
una camisa de tela
que preparó con esmero.

La ovejita su lana
esa misma mañana
se puso a tejer, tejiendo
pantalones bien chiquitos
para el desconsolado Paquito.

Pero Paquito
olvidando toda pena y desconsuelo,
les dijo a los tres amigos
que tan presto lo vistieron:
—Trabajen más, ¡haraganes!
¿No ven que falta el sombrero?

—Pero a mí —dijo la vaca—
me falta un trozo de cuero.
—Y a mí —dijo el gusanito—
todo un capullito entero.
—Y a mí —dijo la ovejita—
me falta un ovillo y medio.
—¡Devuelve lo que te dimos!

Los tres a coro dijeron.
—Que nosotros ayudamos
solo a los niños buenos.

Otra vez vuelven a estar
las cosas como estuvieron
quedándose Paquito,
por descortés y altanero,
desnudito como antes,
llorando con desconsuelo.

Expresaba nuestro amigo
triste a no poder más:
—¡Qué buenos amigos tengo!
No vi todo lo que me dieron
con amor simple y sincero.

Unos ojos lo miraban
detrás de aquel riachuelo.
Eran sus buenos amigos
aquellos tres compañeros
que saliendo por sorpresa.
A Paquito lo vistieron
con camisa y pantalones
y también zapatos nuevos.

Paquito, muy contento,
uno a uno agradeció.
Jugó con el viento un rato
y junto a sus grandes amigos
a su casa regresó.

La semilla de la verdad

(cuento popular de la China)

En un pueblo muy lejano, en la China, una princesa quería encontrar un buen marido. Para elegir al mejor, llamó a una reunión e invitó a todos los jóvenes en edad de casarse, sin importar si eran altos, bajos, gordos, flacos, ricos o pobres.

Una vez que estuvieron todos reunidos les dijo:

— Voy a darles a cada uno una maceta con una semilla. Dentro de seis meses deberán traerme la maceta con la planta que haya crecido. El que traiga la planta más bella se casará conmigo.

Así se hizo.

Comenzó a pasar el tiempo, pero la semilla de Dishi, el hijo del herrero, no germinaba.

Mientras tanto, todos los demás jóvenes del reino no paraban de hablar y mostrar las hermosas plantas y flores que habían sembrado en sus macetas.

Pasaron los seis meses y el día acordado todos los jóvenes desfilaron hacia el castillo con hermosísimas y exóticas plantas.

Dishi estaba muy triste pues su semilla nunca había germinado y él amaba sinceramente a la princesa. Ni siquiera quería ir al palacio, pero sus padres le insistieron: "Tenés que ir, decir la verdad y devolver la maceta".

Muy desanimado y bastante avergonzado, llegó último al palacio con su maceta vacía. Todos los jóvenes mostraban y hablaban sobre sus plantas. Al ver que Dishi no llevaba ninguna, comenzaron a rodearlo burlándose de él.

El alboroto fue interrumpido por la llegada de la princesa. Todos hicieron sus reverencias mientras la joven se paseaba entre todas las macetas admirando las plantas. Finalizada la inspección, pidió a Dishi que se acercara.

— Este es el nuevo heredero del trono —dijo señalándolo—. Él va a ser mi esposo.

Todos se quedaron sorprendidos sin entender nada...

— A todos les di una semilla infértil, y todos trataron de engañarme plantando otras plantas, pero Dishi tuvo el valor de presentarse y mostrar su maceta vacía, siendo sincero, leal y valiente, cualidades que un futuro rey debe tener y que yo me merezco.

Recursos para trabajar la promoción de la sexualidad saludable

¿Por qué trabajar la promoción de la sexualidad saludable con los más chiquitos?

omo adultos, debemos tener bien claro que sea en forma consciente, o no, siempre educamos para la sexualidad. Educamos para una sexualidad saludable o para una sexualidad enferma o riesgosa.

Cuando hablamos sobre tipos de familia, o roles de género, cuando hacemos un regalo supuestamente "para niñas o para varones", si brindamos o no información biológica cuando nos lo consultan o cuando están en edad de consultarla, si reprimimos conversaciones, preguntas o juegos determinados porque no nos parecen adecuados para la edad o el sexo, cuando ponemos el peso en lo bueno de la sexualidad o trasmitimos experiencias positivas o negativas: siempre, siempre estamos educando para la sexualidad. Desde que el bebé nace, lo hacemos. Poder promover el diálogo y la naturalidad del tema desde pequeños es el puntapié inicial para que los niños y las niñas:

- Vivencien la sexualidad como fuente de felicidad y no de angustias o sentimientos negativos.
- Hagan uso de la misma libremente y en forma cada vez más responsable.
- Expongan y aclaren errores o mitos.
- Descubran pautas sexistas y construyan relaciones sin maltrato vinculado al género.
- Valoren el amor, el respeto, el cuidado y la ternura en el vínculo con el otro.
- Favorezcan el buen trato.
- Comuniquen experiencias o miedos con naturalidad y sin ningún tipo de límite o miedo (previniendo el abuso infantil).
- Aprendan a decir que NO ante situaciones que puedan resultarles extrañas o desagradables.
- Pregunten libremente y pidan ayuda si lo necesitan.

La niña astuta
(verso corto de Lope de Vega)

Un lobito muy zorro, junto a un cortijo se ha encontrado a una niña y así le dijo:

—Mira niña, vente conmigo a mi viña y te daré uvas y castañas.

Y respondió la niña:

—¡No, que me engañas!

La sonatina
(poema de Rubén Darío)

Calla, calla, princesa,
—dice el hada madrina—;
en caballo con alas,
hacia acá se encamina,
en el cinto la espada y en la mano el azor,
el feliz caballero que te adora sin verte,
y que llega de lejos,
vencedor de la Muerte,
a encenderte los labios
con un beso de amor.

Tiempo de nacer
(versos de MJV)

Tic-tac tic-tac
pasa el tiempo sin parar.

Tic-tac tic-tac
la flor hoy crece en su tallo,
la luna redonda está
Tic-tac tic-tac.

Pasa el tiempo sin parar
mi hermano duerme en la panza
¡qué hermosa está mi mamá!

Tic-tac tic-tac
pasa el tiempo sin parar
pronto, pronto nacerá…

Puedo solo
(cuento de MJV)

Había sido una mañana muy linda, acompañé a mamá a hacer las compras y cuando estábamos volviendo para casa nos encontramos con Guille y su mamá que está esperando un bebé y está re panzona.

— ¿Para cuándo esperás? —le preguntó mi mamá mientras caminábamos por la calle de La arboleda—.
— Y, en 15 días ya tendría que estar naciendo… —dijo la mamá de Guille—.
— ¡Qué prontito! ¿Y ya saben sí es nene o nena?
— Sí, ¡es una nena!
— ¡Qué lindo! ¿Cómo la van a llamar? —preguntó mamá dirigiéndose a Guille—.
— Valentina… —contestó en voz bajita—.
— ¿Y ya sabés si es cesárea o parto natural? —le preguntó mi mamá a la mamá de Guille—.

Guille y yo nos miramos sin entender nada, ¿de qué están hablando?

— Si Dios quiere va a nacer por parto natural —dijo ella muy contenta—.
— Bueno, nosotros doblamos aquí —dijo mamá—. Si no nos vemos antes, les deseo lo mejor para la llegada de Valentina. No dejen de avisarnos cuando nazca así la vamos a conocer, ¿no, Juanchi?
— Sí, mami —le contesté yo sin prestarle mucha atención porque que me había quedado pensando en eso del parto natural y la cesárea—.

En cuanto llegamos a casa, mi mamá me dijo que me lavara bien las manos que el almuerzo iba a estar enseguida. Yo abrí la canilla me lavé bien con jabón, como me enseñó el abuelo, cantando dos veces el cumpleaños feliz, y luego me fui para la mesa olvidando cerrar la canilla. Cuando ya estábamos sentados a la mesa por empezar a almorzar mamá dijo:

— ¿Qué es ese ruido? ¿No escuchan? Es como si fuera a-gua, ¿no?
— Sí, dijo papá, parece una canilla abierta…
— Juanchi, no habrás dejado la canilla abierta del baño, ¿no? Preguntaron los dos casi a la vez…

Me levanté y fui corriendo al baño. Efectivamente, me había olvidado de cerrarla y como era de imaginar al volver a la mesa tuve que escuchar los comentarios de mamá, papá y el abuelo… Menos mal que Sofi todavía no habla…

— ¿No te hemos dicho de todas formas que tenés que cerrar la canilla si no necesitás el agua? —dijo mi papá—.
— ¿No era que la seño les enseñó que había que cuidar y no derrochar recursos naturales? —agregó el abuelo—.
— … Bueno, pero mamá me dijo que me lave las manos —traté de excusarme—.
— ¿Y eso que tiene que ver? —preguntaron mi papá y el abuelo a la vez—.
— Es que me dijo que me las lave… no que cierre la canilla…
— ¡Pero, Juanchi, ya sos grande! —gritó mi mamá que hasta el momento no había abierto la boca—. No sos un bebé para que te tengamos que indicar paso por paso lo que tenés que hacer o hacerlo por vos… ¡ya vas a preescolar! Tenés que darte cuenta que si abrís una canilla luego de usarla la tenés que cerrar… Hay cosas que vos ya tenés que hacer solo…

En cuanto mi mamá dijo la palabra "bebé", volvió a mi cabeza el tema de Valentina...

— Mami, ¿qué es un parto natural?
— ¿Eh? —preguntó el abuelo con cara de sorprendido—.
— ¿Y esto que tiene que ver con cerrar canillas? —preguntó mi papá tan sorprendido o más que el abuelo—.
— Es que hoy nos encontramos con Guille y su mamá que espera familia para estos días... —intentó explicar mi mamá... y quedándose callada unos segundos que a mí me parecieron horas me contó—:

— Cuando el bebé ya es lo suficientemente grande y fuerte y está preparado para nacer comienza a hacer movimientos que lo van a ayudar a salir y emprende su camino hacia el exterior (fuera de la panza) por una especie de tubo que se llama canal de parto. El bebé hace fuerza con su cabecita y todo el resto del cuerpo para poder moverse y llegar a la vagina, que es ese agujerito que mamá te contó que tenemos todas las mujeres. Ese agujerito, que fuera del momento del parto es bastante chiquito, se agranda lo suficiente como para permitir que el bebé salga por ahí. A eso se lo llama parto natural, porque si bien las mamás vamos a los hospitales a tener nuestros bebés y los médicos nos controlan y nos ayudan, si no existieran estos controles o no hubiera médicos presentes, el parto se realizaría igual, el bebé nacería de todas formas. En cambio, la cesárea es una operación que necesita sí o sí la asistencia de otra persona, un médico. Cuando por algún motivo la mamá no puede tener a su bebé en forma natural (saliendo por su vagina) o los médicos lo consideran necesario, después de darle anestesia que es una medicación que se da para que no le duela nada, hacen un pequeño corte en la panza de la mamá para que el bebé en lugar de salir por la vagina lo haga por ese corte que le hicieron a su mamá en la panza.

— Ah… —le contesté medio con la boca abierta todavía haciendo un esfuerzo para imaginarme como sería eso de nacer por en forma natural o salir por la panza—. ¿Y Sofi salió por la vagina o por la panza?
— Por la vagina —contestó mi papá que me parece que aún no salía de su asombro por todas mis preguntas—.
— ¿Y yo?…
— Vos también —agregó mi mamá—.
— ¿Y cómo respira Valentina si está dentro de la panza?
— Los bebés cuando están dentro la panza dependen exclusivamente de su mamá y no precisan respirar. Todo lo que el bebe necesita para vivir la mamá se lo da por medio de un cordón que la une con su bebé, el cordón umbilical. Cuando el bebé nace, ese cordón se corta y a todos nos queda una marquita justo en el medio de la panza que nos recuerda que cuando estábamos dentro de nuestra mamá ella nos daba todo, todo para que pudiéramos crecer sanos y fuertes… ¿sabés cuál es esa marquita?
— No, ¿qué marquita?
— Esta que tenés aquí —dijo mamá levantándome el pullover y la camiseta… y haciéndome cosquillitas—. El ombligo.
— ¿Y una vez que nazca se la tiene que arreglar sola para todo?
— Para respirar sí… pero sus pulmones ya están preparados para poder hacerlo… para otras cosas va a depender de su mamá o de alguna otra persona por bastante tiempo: Va a necesitar que le den la leche: primero la teta de su mamá, la mamadera… luego la comidita, que la vistan, que le cambien sus pañales, que la mantengan limpita… que le den calor… mucho, mucho amor… luego con los años va ir aprendiendo a hacer algunas cosas sola, va acostumbrarse a dormir en otra habitación que no

sea la de sus papás, a comer sin ayuda, a hacer pis o caca en la pelela o en el inodoro, luego a vestirse. Al principio, para todo va a necesitar ayuda, como pasa ahora con Sofi que está intentando aprender a comer sola y hace tantos enchastres… pero después poquito a poco va a ir aprendiendo a hacer cada vez más cosas, como vos que ya sos más grande y si bien todavía a veces necesitás nuestra ayuda o nuestra compañía, ya podés bañarte solo, vestirte, comer sin que tengamos que darte en la boca, dormir en tu pieza…

— Cerrar las canillas después que las usaste… —agregó el abuelo con una carcajada—.

Mamá y papá también se rieron… y yo pensé: "No es tan fácil esto de ser más grande… hay veces que las cosas no te salen tan bien… quizás sea mejor ser bebé y que todo lo haga otro por vos". Parece que mi papá me adivinó el pensamiento porque sin darme tiempo a decir nada me dijo:

— ¡Qué bueno que ya sos más grande, Juanchi! Y que podés hacer muchas cosas sin requerir a mamá ni a papá… porque de esta forma no necesitás tenernos todo el tiempo al lado y podés vivir nuevas experiencias muy divertidas…

— ¿Ah, sí? —pregunté yo con bastantes dudas—. ¿Cómo qué?

— Ir al jardín donde jugas tanto con otros chicos. Juanchi, pensá: si tenés ganas de comer podés ir a la cocina y servirte una galletita o si tenés sed tomar un vaso de agua… no tenés que esperar que nadie lo haga. Si tenés ganas de ir al baño, vas, hacés lo que tenés que hacer y no tenés que esperar todo sucio a que alguien te cambie. Si tenés frío te buscas un pullover o si tenés calor te lo sacás… O si tuvieras ganas de ir a jugar a la casa de un amiguito… por ejemplo, no necesitás que mamá o papá estén todo el tiempo a tu lado para darte la mamadera o cambiarte el pañal… y además como sabés hablar y muy bien, podés contarnos todo: lo que te gusta, lo que no te gusta, lo que te hace bien, lo que no… no tenemos que estar adivinando… ¿tendrá hambre? ¿tendrá sueño? ¿tendrá sucios los pañales? ¿tendrá frío? ¿tendrá calor?...

— Jajajaja —me reí acordándome lo que pasa en casa cuando Sofi llora y cada uno dice lo que cree que le pasa—.

— Eso también es muy importante… a mamá, a mí y al abuelo —siguió diciendo mí papá— nos da mucha alegría ver cómo vas creciendo y cómo cada vez sos capaz de hacer más cosas solito… y dependés menos de nosotros…

Y la verdad… pensándolo bien, me parece que mi papá tiene bastante razón, es lindo esto de poder hacer algunas cosas sin tener que esperar que otro las haga por mí…

(cuento en verso de MJV)

Sin pensarlo ni una vez,
un sapo se tiró al río
para salvar a una araña
que ennoviaba con un pez.
Sin pensarlo ni una vez
y agradeciendo su ayuda
la araña, con mucha maña
mojada, asustada y muda
se trepó sobre una caña.

Sin pensarlo ni una vez
y empujando a una piraña
que no lo dejaba ver,
el novio muy elegante

vestido como un gran juez
abrazó a su amada araña
que subida a la caña
festejaba con chochez.

Sin pensarlo ni una vez
la pareja enamorada
que aún seguía mojada
y otros tantos que ahí estaban,
agradecieron al sapo,
que por cierto era muy guapo,
su increíble y valiente hazaña
para salvar a la araña.

Juegos en casa
(cuento de MJV)

¡Por fin llegó el día! Josefina iba a venir hoy a jugar a mi casa. Mi mamá habló con su papá y quedaron que ella vendría directamente del jardín junto con nosotros y luego él la vendría a buscar a eso de las siete de la tarde.

Y así fue. Siempre me divierto en el jardín, pero la verdad es que hoy no podía esperar que llegara el momento de saludar a la banderita y que la seño nos cantara la canción de hasta mañana. En lo único que podía pensar, era en que hoy Jose vendría a casa, iba a conocer a Sofi y además juntos íbamos a jugar con todos mis juguetes en mi pieza o si no hacía mucho frío, en el patio.

A mí me dolía un poco la panza, siempre me pasa lo mismo cuando quiero que pase algo y tarda un poquito en llegar, y según me dijo Josefina a ella a veces también le pasa lo mismo. Pero al final, hicimos el trencito, cantamos la canción y salimos a la puerta donde mi mamá nos esperaba para llevarnos a los dos.

En casa estaba todo preparado… ¡Mi mamá es genial! Nos había hecho un bizcochuelo riquísimo y el abuelo, mientras mamá, nos fue a buscar nos hizo dos tazas de chocolate con leche bien calentito.

— Lávense las manitos y vengan a tomar la merienda —gritó—.

Y al ratito sin esperar que le dijéramos nada agregó:

— Primero se alimentan y después juegan, ¿entendido?

Re contentos tomamos toda la leche sin parar y nos comimos la porción de torta que mamá había puesto sobre los platos nuevos que a mí me gustan tanto.

— ¿Por qué no le mostrás tu pieza? —dijo mamá—. Hace un poco de frío para jugar en el patio.

Sin darle tiempo para decir alguna otra palabra, los dos subimos corriendo la escalera. Yo estoy re acostumbrado a subirla corriendo, pero cuando Jose llegó a mi pieza tuvo que sentarse sobre mi cama porque casi no podía respirar.

— Esta es mi pieza ¿te gusta? —le pregunté—.
— ¡Es muy linda! Tenés muchas cosas… ¿dónde duerme Sofi?
— Con mi papá arreglamos la pieza que está al lado de la de mi abuelo, ahí guardábamos un montón de cosas que no usábamos y entre los dos sacamos todo, la pintamos y le armamos a ella su piecita, cuando se despierte te la muestro.

Los dos nos quedamos mirándonos sin decirnos nada…
A mí no me gusta mucho eso de que alguien se quede callado mucho tiempo así que en cuanto se me ocurrió algo le pregunté:

— ¿A qué querés jugar, Jose? —mi mamá me había dicho que cuando uno invita a alguien a jugar a su casa tiene que jugar primero a lo que el invitado quiere—.
— Mmmmmm —pensó un ratito Josefina—. ¿Jugamos a la familia?

Mucho no me gustó la idea, yo hubiera preferido que me dijera juguemos a los extraterrestres, o a los dinosaurios que comen de los árboles o al menos a un partido de fútbol o a una carrera de autos con los jueguitos… pero recordando lo que mamá me había dicho le pregunté:

— ¿Y cómo se juega a la familia?
— Vos podés ser el papá y yo la tía… ¿no tenés ningún bebé para que sea el hijito?
— Yo no juego con bebés…
— Bueno con algún peluche de Sofi, entonces…

Me quedé pensando un ratito qué peluche podría servir, pero enseguida tuve una duda…

— Si yo soy el papá y vos la tía, ¿quién es la mamá?
— No hay mamá… hay un papá y una tía.
— Pero no puede no haber mamá…
— Mi mamá no vive en mi casa… ella está en otro país y yo vivo con mi papá y mi tía…
— ¿Y cómo jugamos a la familia sin una mamá? ¿Quién hace la comida? ¿Quién lleva al hijito a la escuela?
— En mi casa, a veces hace la comida mi papá, otras veces mi tía y otras veces mi abuela que es la que me lleva y

va a buscar al jardín porque a esa hora mi tía se va a trabajar. ¿Y aquí en tu casa quién la prepara?

— Aquí casi siempre cocina mi mamá, a veces los domingos mi papá hace ravioles y a veces también mi abuelo prepara asado.

— Bueno, ¿jugamos o no jugamos? —dijo Jose—.

— Dale, entonces, yo soy el papá, vos sos la tía y el monito de Sofi es el hijito… Jajajajaja ¿no vas a decir que se parece al papá no?

— Jajajajaja, sí se parece a vos, ¡son re igualitos!

Nos pusimos a jugar y la verdad es que nos divertimos bastante. Mientras estábamos jugando me acordé de cuando voy a jugar a la casa de mis primos…

— ¿Sabés, Jose? Mis primos no tienen papá, ellos viven solos con mi tía… su mamá.

— ¿Sí? Mis primos tienen dos casas, una la de la mamá y la otra del papá y ellos viven un poco en cada casa… Y mi tía muchas veces me lleva a jugar a la casa de una amiga de ella que tiene una nena que se llama Paula, ella vive con su mamá y una amiga de su mamá… Me aburrí de jugar a esto —dijo entonces Jose tirando al monito sobre la cama—. ¿Cómo se juega a lo de las carreras? ¿Me enseñás?

Con Josefina, jugamos toda la tarde hasta la hora en la que su papá vino a buscarla: jugamos a la familia, a las carreras, a la maestra, al ludo y por último me ayudó a armar el rompecabezas nuevo que me había regalado el abuelo. Y cuando se despertó Sofi, mamá me dejó llevarla un rato con nosotros y fue re divertido porque con cada chiste de Josefina, la gorda se reía a carcajadas…
Cuando ella se fue y mientras estábamos cenando le conté a mis papás y a mi abuelo:

— La mamá de Jose está en otro país y ella vive con su papá y su tía…

— ¡Ahh! —dijo mi mamá—. ¿Y ella qué dice de eso?

— Nada… ¿por qué? ¿Qué tiene que decir?

— Hay muchos tipos de familia, Juanchi —dijo entonces mi papá—, algunos chicos viven con su mamá y su papá, otros con su mamá o con su papá, algunos tienen muchos hermanos y otros no tienen ninguno… en algunas casas viven junto a sus abuelos o algún tío o tía… y en otras los chicos viven solamente con sus abuelos. Lo importante es que se quieran y que se cuiden entre todos, ¿no te parece? Me quedé pensando en todo lo que habíamos hablado con Josefina mientras jugábamos… tiene razón mi papá, a veces es difícil imaginarse una familia que no sea como la de uno, pero lo importante no es cómo está formada una familia, sino que sea una familia…

La plaza tiene una torre

(poema de Antonio Machado)

La plaza tiene una torre,
la torre tiene un balcón,
el balcón tiene una dama,
la dama una blanca flor.

Ha pasado un caballero
—¡quién sabe por qué pasó!—
y se ha llevado la plaza,
con su torre y su balcón,
con su balcón y su dama
su dama y su blanca flor (…).

Ese día era la primera vez que iba a ir yo a la casa de una amiga del jardín a la salida de la escuela. Josefina me había invitado y yo no veía la hora que llegara ese momento. Ni mamá ni el abuelo me irían a buscar al cole. Yo solito me iría junto con ella y su abuela.

Mamá me dio un sinfín de recomendaciones: portate bien; sé respetuoso; si pedís algo, pedilo por favor; si te dan algo no te olvides de decir gracias; no vayas a decir que algo no te gusta… acordate de la lavarte bien las manos cuando llegas y sobre todo sé muy bueno con Jose, recordá que cuando uno va de visita a una casa tiene que dejar elegir a qué jugar al dueño de casa…

¿Cómo? ¿Qué decía mi mamá? Si cuando Jose vino a casa me dijo lo contrario…

— Mami… pero vos me dijiste otra cosa la otra vez….

— ¿Yo? ¿Qué te dije?

— Que si un amigo o amiga viene a mi casa tengo que dejarlo elegir a que jugar… y hoy voy yo a la casa de ella…

Mi mamá se quedó unos segundo callada… como pensando… pero enseguida agregó:

— Bueno, Juanchi… pensá que Jose es una nena y siempre primero están las damas, ¿no?

— ¿Sí? —pregunté bajito con bastantes dudas—

¿Dónde estaba escrito eso? ¿Por qué yo nunca podía elegir?… Pero no quise decirle nada, no fuera a ser que mi mamá se arrepintiera y no me dejara ir…

En el momento de dejarme en la puerta del jardín, me dio un abrazo fuerte y me dijo casi haciendo pucheritos…

—Te voy a extrañar…

—Pero, mami… me voy un ratito no más… ¿No era que yo ya estaba más grande y podía hacer algunas cosas solo como ir a jugar a lo de un amigo?

—Sí —dijo ella—, pero eso no tiene nada que ver… igual yo siempre te voy a extrañar —y se rió suavecito… un poco nerviosa—.

—No, no me vas a extrañar —le dije tratando de tranquilizarla—. Vas a ver cómo el tiempo pasa volando.

(Utilicé las mismas palabras que el abuelo me dijo a mí cuando yo no quería quedarme en lo de la tía la noche que mamá y papá fueron al hospital a tener a Sofi…)
La tarde pasó muy despacito. Varias veces le pregunté a la seño…

—¿Falta mucho para la hora de saludar a la banderita?
—Un poco, Juanchi, ¿por? ¿Te pasa algo?
—No, seño…

No quería decirle nada a nadie porque mi mamá me había dicho que para qué contar que iba a ir a lo de Jose si nadie me lo preguntaba directamente. Ella piensa que algunos chicos se pueden poner celosos…
Hicimos un trabajito sobre los animales del zoológico, fuimos con el profe de educación física… pero a mí la tarde, no me pasaba nunca. Como si eso fuera poco, cuando por fin llegó la hora de saludar a la banderita, la seño pensando que yo preguntaba tanto porque quería que me eligieran para ser uno de los que están paraditos cerca de la bandera … justo, justo esa tarde, me eligió a mí.

—Juanchi, Lili y Lucas pasen ustedes hoy a la bandera —dijo—.

En fin, yo siempre había esperado que me llamara a mí… así que igual, si bien no quería pensar en nada solo en ir a la casa de Jose… me paré derechito y caminé hasta el mástil junto con mis otros dos compañeros. Cuando terminamos llevamos con mucho cuidado a la dirección la bandera entre los tres y la pusimos en un cajón especial que hay ahí para poder guardarla. Al terminar de hacerlo, ya todos los chicos estaban en la puerta de la escuela, así que corrí un montón porque tenía miedo que la abuela de Jose se fuera sin mí.

— Hola, Juanchi —me dijo en cuanto me vio—. Me contó mi nieta que hoy fuiste a la bandera, ¡te felicito!
— Yo fui el viernes —agregó Josefina—.
— Sí, ya sé, ¡muy bien por los dos!

En ese momento, pensé un poquito en mi mamá… pero solo un poquito. Me hubiera gustado que me viniera a buscar para poder contarle que me habían elegido a mí… Jose vive a la vuelta de la escuela así que no tardamos nada en llegar… no hay que cruzar ni una sola calle.
Una vez en la casa, la abuela nos pidió que nos laváramos las manos —igual que mi mamá— y luego que nos sentáramos a tomar la merienda… —igual que mi mamá—. Por suerte, la leche me gustó y las galletitas con chispitas de chocolate también, ¿cómo sabría la abuela de Jose que eran las que más me gustaban?
La casa es linda, el comedor tiene cortinas naranjas y es toda en un solo piso, no como la mía. La cocina es chiquita y Jose comparte su pieza con su tía y justo enfrente está la pieza de su papá, que en ese momento estaba trabajando. En la habitación, hay dos camitas: una arriba de la otra. Jose me contó que cuando ella era más chiquita su tía dormía arriba y ella abajo, pero como ahora ella es más grande y no tiene miedo de caerse, duerme en la de arriba. Es una pieza bastante rara: hay un escri-

torio que está debajo de la ventana, ahí hay libros y cuadernos… y tambіén esas cosas con las que las chicas se pintan la cara…

En un rincón, ella tiene un baúl lleno de juguetes, casi todas muñecas, bebés, ropita para vestirlos, juegos para hacer el té, cocinitas, cacerolas… y en unos estantes que están bien bajitos hay algunos libros y algunos juegos de mesa. Sobre el piso una alfombra muy grande color rosa fuerte.

— ¿Qué hacemos? ¿A qué jugamos? —dijo Jose que estaba sentada sobre la alfombra—.

— No sé… —la verdad no había nada en esa pieza con lo que tuviera muchas ganas de jugar—.

— ¿Y sí dibujamos?

— Mmmmm, no, no tengo muchas ganas…

— Jugamos a que yo era la doctora que curaba chicos… —dijo, entonces, Jose entusiasmada—, tengo un jueguito con termómetro y todo…

— No. Si jugamos a curar el doctor tengo que ser yo…

— ¿Por qué vos?

— Porque soy el varón y mi doctor es varón…

— La mía es mujer… —dijo Jose muy segura y ya medio enojada—.

— Bueno, seamos los dos doctores, entonces…

— Está bien —dije no muy convencido—.

Jugamos un rato pero fue muy aburrido, éramos dos médicos y ningún enfermo. En un momento, jugamos a que alguno de los muñecos estaba enfermo, tenía fiebre y dolor de garganta… pero no fue muy lindo.

— Juguemos a otra cosa —le dije—.

— A mí me gusta jugar a la doctora, ¿a qué querés jugar ahora?

— ¿Tenés algún juego?

— Sí, tengo el de las cartas… podés elegir entre ser la nena que se va de campamento, la que estudia, la que va a bailar, la que trabaja en la oficina, la mamá y yo elijo otra. Gana el que juntas las cinco cartas que necesita para hacer la tarea que eligió o le tocó.

— ¿Son todas nenas?

— Sí…

— ¿No tenés otro?

— ¿Querés jugar al dominó?

— Mmmm, bueno —dije— pensando que al menos no era un juego de nenas.

Empezamos a jugar, pero yo vi cuando Jose cambiaba una ficha por otra, entonces me enojé…

— ¡Eso no se hace! —le grité—. No podés cambiar la ficha, tenés que esperar que te toque y tomar una del pozo.

— ¡Yo no cambié nada! Mentiroso.

— Yo no miento, ¡vos sos una mulera!

— Mulero sos vos y además no querés jugar a nada, ¡nada te viene bien!

— Yo sí quería jugar al dominó, pero si vos cambiás las fichas, no vale, ¡NO VALE! ¿Entendés o no te da la cabeza?

— ¡No cambié nada te digo! —dijo, entonces, Jose pateando todas las fichas y dándome un empujón—.

— ¡A mí no me empujás, nena! —grité re rabioso—.

En ese momento entró la abuela…

— ¿Qué pasa? ¿Por qué se pelean? Vamos, tranquilos, ¿entendido?

— Ella cambió una ficha —dije casi llorando—. Es una mulera. ¡Así no se juega!

— Él es un mentiroso. ¡Yo no cambié nada! Lo que le pasa es que no quiere jugar a nada porque mis juguetes son de nena.

— No, no es eso… Estoy enojado porque hiciste trampa y no me gustan las nenas tramposas…

— Bueno, bueno… calma, a ver… piensen en otra cosa, ¿quieren tomar un vaso de gaseosa?

— ¡Sí! —dije yo—.

— ¡No! —dijo Jose—.

— Vení conmigo, Juanchi, vamos a tomar algo a la cocina…

Seguí a la abuela, en realidad, lo único que quería era que mi mamá me viniera a buscar…

— ¿Cuánto falta para que me vengan a buscar? —pregunté—.

— Un poquito, tomá esto que te va a gustar…

— ¿Y a mí no me das nada? —dijo Jose re enojada que al final vino corriendo detrás nuestro—.

— Sí, mi amor, cómo no te voy a dar… Vení con nosotros vamos a tomar algo fresquito y luego pensamos a qué jugar…

Tomamos gaseosas y comimos unos caramelos que nos dio la abuela y al menos yo, ya no estaba tan enojado…

— ¿Quién sabe jugar a la casita robada? —preguntó la abuela—.

— ¡Yo! —dijimos los dos a la vez—.

— Bueno, a ver, siéntense aquí yo reparto: tres cartas para cada uno…

Cuando estábamos en lo más divertido del juego, porque yo le había robado el pozo a la abuela y a Jóse, tocaron el timbre. Era mi mamá con Sofi que venían a buscarme.

— ¿Todo bien? —preguntó—.

— Sí —dijo la abuela guiñándonos un ojo—, algunos temitas con un juego pero por suerte ya está todo resuelto.

Ya en la calle mientras caminábamos a casa, mamá me pidió que le contara todo. Yo no sabía si contarle la pelea, al fin y al cabo había sido solo una pavada…

— Juanchi, ahora que sos más grande vas a ir cada vez más seguido a jugar a las casas de otros amiguitos… y es muy importante que nos puedas contar a tu papá y a mí todo lo que hacés, también si tenés algún problema, si te peleás o cualquier cosa. No es para retarte ni nada de eso, es para poder ayudarte en el caso que lo necesites, ¿estamos de acuerdo? Tenemos que estar tranquilos que vos nos vas a contar todo, ¿sí?
— Sí, mamá, solo nos peleamos un poco con Jose cuando jugamos al dominó, pero ya fue… después la pasamos bien… ahora a mí me quedó una duda…
— Sí, decime…
— ¿Por qué siempre tengo que ser yo el que deje que el otro elija? Si están en casa porque están en casa, si estoy en su casa porque estoy en su casa, si es nena porque es nena, si es más chiquito porque es más chiquito… ¡al final yo nunca puedo elegir!

Mamá se quedó mirándome y después de unos segundos me contestó:

— Tenés razón, Juanchi, yo siempre te pido a vos que cedas, quizás porque creo que lo importante es pasarla bien y si la persona que está con nosotros lo pasa bien, es más probable que nosotros también la pasemos bien… bah, eso creo yo… Lo que tienen que hacer es elegir una vez cada uno, ¿no te parece? Así los dos tienen las mismas oportunidades…

—El problema es que en lo de Jose todos son juegos de nenas….

—Yo no creo que haya juegos de nenas y de varones… el otro día aquí jugaron con el mono de Sofi y estaban los dos muy que contentos… quizás vos prefieras jugar generalmente con juegos o juguetes distintos de los que juegan la mayoría de las nenas, pero eso no quiere decir que un día que vas a la casa de una nena, no puedas divertirte con sus juguetes, o que algunas veces seas vos el que tengas ganas de jugar con bebés, cocinitas y tazas de té… o que si una nena viene aquí, no pueda pasarla bien jugando a los autitos o a la pelota…

Llegamos a casa y enseguida que entramos mamá me pidió un favor:

—Juanchi, porfi, entretenela un rato a Sofi mientras yo preparo la comida, ¿dale?
—¡No! Quiero ir a ver la tele yo…
—Dale, ¡sé buenito! Jugá un ratito en su pieza con sus juguetes. Yo tardo poquito…

Sentado en la alfombra de la pieza de Sofi, me di cuenta que su habitación tenía muchas cosas parecidas a la de Jose; un baúl lleno de juguetes, unas repisas con algunos libritos y muchos peluches y muñecas por todos lados…

—Vamos, gorda, juguemos, ¿sí? Vos eras la hija y yo el papá, ¿dale?

Recursos para favorecer vínculos familiares

¿Por qué trabajar para favorecer vínculos familiares con los más chiquitos?

Las primeras referencias las fundamos a partir del vínculo familiar. Desde ya antes de nacer, comenzamos a construir lazos con los miembros de nuestra familia y lo que va a influenciar en la calidad de vida presente y futura, no es quién compone la misma, sino el vínculo afectivo, o no, que se construya entre las personas que la conforman.

Se entiende como vínculo afectivo la relación de cariño y amor recíproco entre diferentes personas, imprescindible para un desarrollo adecuado y sano. Los vínculos afectivos son la base de un buen desarrollo social y cognitivo como también lo son de las relaciones futuras. Un vínculo va más allá de una mera relación de parentesco. Es la ligazón irrepetible e imprescindible que puede construirse sana y gratificantemente, o no, entre dos personas.

Un vínculo familiar, cuando es afectivo, fortalece la autoestima, la confianza y la seguridad en sí mismo.

Como toda relación humana, los vínculos pueden atravesar diversas situaciones o conflictos y momentos más placenteros que otros. Dos características indiscutibles del vínculo afectivo, fundamentalmente el que se funda entre padres e hijos, son la incondicionalidad y la permanencia.

Al hablar de incondicionalidad, no hablo de aceptar todo o de cualquier manera, sino a que la unión de amor que caracteriza este tipo relación no puede depender de momentos, éxitos o fracasos, o defectos y virtudes de las personas que lo conforman. Al hablar de permanencia me refiero a que el vínculo, cuando verdaderamente fue construido con amor, es perenne y trasciende tiempos o espacios.

Los textos presentados a continuación intentan humanizar estos vínculos. Mostrarlos como se viven en la cotidianeidad, con sus fortalezas y falencias, y priorizan siempre transmitir los rasgos del amor, el cuidado, la colaboración y la ternura que deberían caracterizarlos.

Las desventuras del músico dormilón
(cuento de Luis Alberto Vernieri López)

Había una vez un músico dormilón que tocaba en una banda muy, muy importante. Su instrumento era el bombardino, que es como una corneta de bronce, bastante grandota, que suena como un ternero que tiene ganas de tomar la leche.

La parte que debía tocar este músico era realmente importante porque además de ayudar a marcar el compás constituía el "broche de oro" con que terminaban todas las marchas.

Cuando todo salía bien la música sonaba así:

Pa Para pa pa pá pa pa pa pá Pa Pá
Pa Para pa pa pá pa pa pa pá Pa Pá
Pa Para pa pa pá pa pa pa pá Pa Pá
Pa Para pa pa pá pa pa pa pá Pa Pá
Bu Bu Bu Bú

Pero no siempre las cosas salían bien… Nuestro músico era muy distraído y muy dormilón y a veces se quedaba dormido y algunas veces, aunque ustedes no lo puedan creer, justo, justo cuando tenía que tocar su parte. Entonces la música se oía así:

Pa Para pa pa pá pa pa pa pá Pa Pá
Pa Para pa pa pá pa pa pa pá Pa Pá
Pa Para pa pa pá pa pa pa pá Pa Pá
Pa Para pa pa pá pa pa pa pá Pa Pá

----- ------- ----- ------- ----- ------- -----

Cuando todos terminaban su parte y se quedaban callados, solo se oía la respiración profunda del músico que otra vez se había quedado dormido, y que de repente, despertándose sobresaltado, tocaba muy a destiempo su parte:

Bu Bu Bu Bú

Entonces, el director de la banda, que era un hombre muy severo, lo llamaba. Extendiendo su brazo derecho hacia donde estaba el músico dormilón y señalándolo con el dedo índice que movía de abajo para arriba y de adelante para atrás, le decía:

—¡Usted… venga para acá! ¡Venga para acá!

El músico dormilón, muy avergonzado porque sabía bien lo que había hecho, se arrimaba lentamente dispuesto a recibir el reto que se había ganado.

— Dígame —le decía el director—. ¿Usted no sabe leer una partitura? ¿No sabe que tenía que tocar "Bu Bu Bu Bú"? ¿Y qué tocó? ¡Nada tocó! ¡Nada! Y después cuando debía quedarse callado, ¿qué hizo? Tocó "Bu Bu Bu Bú". ¡Eso hizo! ¡Eso! Esa equivocación es imperdonable, si se repite, no va a poder seguir tocando en esta banda… ¡Ya está avisado!

El músico dormilón estaba muy preocupado. Él sabía que el director tenía razón y hacía todo lo posible por no dormirse ni distraerse y tocar siempre a tiempo… pero no siempre podía…
¡Y lo que son las cosas! Cuanto más preocupado estaba, peor dormía en su casa y cuando peor dormía en su casa, más se dormía o distraía en los ensayos.
Una noche, pensando y pensando se le ocurrió una solución: haría lo que hace cualquier persona para no quedarse dormida, usaría un despertador. Lo pondría bien en hora, calcularía exactamente el momento en que debía tocar su parte, luego adelantaría el reloj apenas un poquitito y así se despertaría con tiempo suficiente y… ¡todo saldría bien!
Contento con su idea, la tarde siguiente llegó al ensayo llevando en el mismo estuche del bombardino un pequeño despertador. Hizo las maniobras previstas y, cuando el director lo dispuso empezó a tocar junto a los demás músicos:

Pa Para pa pa pá pa pa pa pá Pa Pá
Pa Para pa pa pá pa pa pa pá Pa Pá
Pa Para pa pa pá pa pa pa pá Pa Pá
Pa Para pa pa pá pa pa pa pá Pa Pá

~ *S I L E N C I O* ~

Y, en el medio del silencio:

¡RRRRIIIIIIIIIIIIIIIINNNNNNNN!

¡¿Qué había pasado?!
Había pasado que, con los nervios del momento, en vez de adelantar el reloj como lo tenía previsto: ¡lo había a-trasado!
El director estaba furioso, ¡más que furioso! La cara se le puso primero amarilla… después verde… y por último se le puso roja. Cuando tenía la cara amarilla extendió el brazo, cuando tenía la cara verde señaló al músico dormilón con su dedo índice duro como un tornillo y cuando se le puso roja lo empezó a mover de abajo para arriba y de adelante para atrás y dijo:

— ¡Usted! ¡Venga para acá! ¡Venga para acá!

Cuando el músico dormilón se acercó más avergonzado que nunca, el director continuó:

— ¡Dígame! ¿Usted no sabe leer una partitura? ¿No sabe lo que tenía que tocar? Tenía que tocar: Bu Bu Bu Bú. ¿Y que tocó? ¿Tocó "Bu Bu Bu Bú"? ¡No, no tocó "Bu Bu Bu Bú"! ¿Sabe lo que tocó? ¡Toco "RINNNNNNNNNNNNNN-NNN"! Y no puede ser, ¡NO PUEDE SERRR! No me va a quedar otra que echarlo de la banda. ¡Preste un poco de atención hombre! ¡POR FAVOR!

Esa noche, el músico dormilón llegó a su casa realmente preocupado, apenas saludo a su señora y a su hijito. No acaricio a su perro ni prendió la televisión… Se quedó un buen rato, callado, callado… sentado sobre su cama. Su hijito, un nene de cinco o seis años, lo miró casi asustado. "¿Qué le pasará a papá?", se preguntó.

Se le acercó despacito, despacito sin decirle nada… y cuando le pareció oportuno, le preguntó:

— ¿Qué te pasa, papi?

— Nada, hijito —le contesto el padre, sin mirarle a la cara—.

— Parece que estás triste —insistió el muchachito—. ¿Por qué no me contás…?

— No es nada… son cosas del trabajo…

— Contame, papá, quizás yo pueda ayudarte…

— No, hijito, no. Son cosas de grandes y vos sos chiquito… no podrías hacer nada…

— No creas papá, soy chiquito, pero me gustaría ayudarte. Si vos me contás lo que te pasa… quién sabe… pensando un poco… a lo mejor…

El músico dormilón, más por no apenar a su hijito que por otra cosa, comenzó a contarle lo que le estaba pasando: cómo se quedaba dormido… sus entradas a destiempo… el disgusto del director… y todo eso, y para finalizar le contó su última desventura con el reloj despertador… El padre y el hijito se quedaron callados pensando y pensando y al cabo de un rato el nene, con cara de felicidad, dijo a su papá:

— ¡Lo tengo, papá! Ya sé que tenemos que hacer…

Y de inmediato comenzó a contarle su plan:

— Mirá, papá, lo que tenés que hacer es llevarme con vos. Yo me quedo a tu lado bien quietito, bien calladito y, como me sé la partitura de memoria porque la he oído muchas veces, cuando llegue tu parte yo te tiro unos tironcitos suavecitos de la manga de tu saco. Si estás dormido, te despertás… y si estás distraído comenzás a atender y en el momento justo, justo hacés tu entrada con el bombardino… ¿No te parece genial?

— Pero, hijito, no puede resultar… vos también te vas a distraer… y va a ser todo igual que antes… ¡peor que antes!

— ¡Pero no, papá, yo voy a estar súper atento!

— ¡Pero no, hijo!

— ¡Pero sí, papá!

Tanto insistió el hijito que, al fin, el músico dormilón, que no tenía ni la mitad de una idea sobre qué pudiera parecerle mejor, accedió a darle el gusto y al día siguiente fueron juntos al ensayo.

Al verlos entrar, el director de la banda, que todavía seguía con su enojo, se puso un poco amarillo, pero, por suerte, no llegó a ponerse ni verde, ni colorado, y hablando consigo mismo se dijo: "Ahora este músico dormilón viene con su hijito… ¡Pero si esta vez toca mal, ni él ni el chiquitín vuelven a pisar mi banda!".

Todos los músicos ocuparon sus respectivos lugares y el hijito del músico dormilón, haciéndose todavía más chiquito de lo que era, se puso quietito, al ladito de su papá.

Entonces, el director de la banda se subió a su tarima (que es como un escaloncito de madera para que todos lo puedan ver bien), puso en orden la partitura, tomó su batuta (que es como un palito con el que conduce la orquesta) miró a todos los músicos uno por uno y levantando sus dos brazos comenzó a dirigir.

Todos los músicos exactamente a tiempo, comenzaron a tocar:

Pa Para pa pa pá pa pa pa pá Pa Pá
Pa Para pa pa pá pa pa pa pá Pa Pá
Pa Para pa pa pá pa pa pa pá Pa Pá
Pa Para pa pa pá pa pa pa pá Pa Pá
Bu Bu Bu Bú

El hijito del músico dormilón que había estado muy pero muy atento, había pegado, en el momento más oportuno, unos tironcitos suavecitos en la manga del saco de su papá y este había tocado su parte con total precisión. El director debió reconocer que la música había salido perfecta y les dijo a sus músicos: "¡Muy bien! ¡Han tocado muy bien!", pero internamente pensó: "Debe haber salido bien de casualidad, no me explico cómo este dormilón con el chiquitín a su lado no se ha distraído", y dirigiéndose de nuevo a los músicos agregó: "Vamos a ensayar otra vez".

Volvió a ordenar la partitura, volvió a mirar a los músicos uno por uno, volvió a levantar los dos brazos y en el momento exacto, comenzó a tocar toda la banda:

Pa Para pa pa pá pa pa pa pá Pa Pá
Pa Para pa pa pá pa pa pa pá Pa Pá
Pa Para pa pa pá pa pa pa pá Pa Pá
Pa Para pa pa pá pa pa pa pá Pa Pá
Bu Bu Bu Bú

Otra vez el hijito del músico dormilón había llamado la atención de su papá en el momento adecuado, y otra vez la entrada de este había sido perfecta. El director de la banda estaba re contento: la música sonaba muy, pero muy bien…

Tres días después tuvo lugar el gran desfile. La banda entera con todos sus músicos luciendo sus uniformes de gala debía encabezar la marcha de todos los deportistas de la ciudad que iban a participar en el gran certamen mundial.

Delante de todos iba el tambor mayor que vestía como todos los músicos, un pantalón azul con dos anchos vivos rojos a cada lado, una casaca azul con grandes botones dorados, un cinturón de charol de color blanco reluciente y un gorro azul con un escudo dorado en su visera y un hermoso pompón rojo. En su mano derecha llevaba el gran bastón adornado con cintas de colores que subía y bajaba y revoleaba por el aire marcando el compás.

Un-dos un-dos un-dos…

Detrás del tambor mayor iba la fila de tambores:

Plan Plan Plan Rataplán
Plan Plan Plan Rataplán

Detrás de los tambores, los clarines:

Ta taratá taratá tatatá
Taratá tatatá tatatá tatatá
Ta tatatá tatatá

Inmediatamente detrás, el director serio como siempre, muy erguido. Con su mano derecha, esgrimía la batuta que describía misteriosos dibujos por encima de su cabeza y con la que, exacto y preciso, dirigía a toda la banda. Detrás del director iba un músico que tocaba una especie de xilofón que tenía la forma de una lira.

Tin Tin Tin Tin Tin Tin
Tin Tilín Tilín
Tin Tin Tin Tin Tin Tin
Tin Tilín Tilín

Y, atrás, el bombo:

Bum Bum Bum Bum Búm

A la derecha del bombo, los platillos:

Tachín Tachín Tachín Tachín Tachín

Luego… los clarinetes, y los saxofones… la flauta y el flautín:

Piripipipí pipí pipí
Piripipipí pipí pipí pipí

Y al final, al final de todo… después de las cornetas, los trombones, los bajos y la tuba, ¡EL BOMBARDINO!:

Bu Bu Bu Bú
Bu Bu Bu Bú

Al lado del músico que tocaba el bombardino, con un pantalón azul y rojo igual al de los músicos grandes, pero más chiquitito, con una casaca azul con botones dorados, igual a la de los músicos grandes pero más chiquitita, con un cinturón de charol blanco tan reluciente como el de los músicos grandes, pero más chiquitito y con un gorro azul con escudo de oro en su visera igual al de los músicos grandes pero con un pompón colorado mucho más grande, sí, al lado de su papá desfilaba, muy orgulloso y concentrado el hijito del músico dormilón.

Los pollitos
(canción popular infantil

Los pollitos dicen,
pío, pío, pío,
cuando tienen hambre,
cuando tienen frío.

La gallina busca
el maíz y el trigo,

les da la comida
y les presta abrigo.

Bajo sus dos alas
se están quietecitos,
y hasta el otro día
duermen calentitos.

Ya no tienen hambre,
ya no tienen frío
duermen los pollitos
Pío pío pío.

Mimos para un sueño tranquilo
(canción de MJV)

Noni noni noni
de mamá y papá
dormite prontito
que es muy tarde ya.

Noni noni noni
¿quién se va a dormir?
este nene hermoso
que yo tengo aquí.

Noni noni noni
de mamá y papá
Ojitos de luna y nube
sueños de jacarandá.

Noni noni noni
de mamá y papá

dormite tranquilo
que hay que descansar.

El hermanito de la seño
(cuendo de MJV)

La seño se lo contó a todo el grupo. Ayer a la tarde había nacido Valentina, la hermanita de Guille y pidió un fuerte aplauso para el hermano mayor. Guille, por su parte, repartió chupetines. Él me contó que su mamá se los había dado hace varios días y le había dicho: "El día que nazca Valentina los llevás al cole y los repartís entre tus compañeritos, es una manera de mostrarle a todos lo contento que estás".

Yo la verdad no lo veía tan contento. Además, ¿por qué iba a estarlo? ¿Qué tiene de bueno esto de ser hermano mayor y, además, de una nena? Si al menos fuera un varón cuando el bebé crezca podrían jugar a algo divertido… pero una nena…

Igual todos lo aplaudimos bien fuerte… y me parece que un poco contento se puso. La seño mostró unas fotos de la bebita recién, recién nacida… el papá de Guille las sacó enseguida que la bebita salió de la panza. En algunas está todavía desnudita apoyada en el pecho de su mamá. Después de mostrarnos las fotos y de "presentarla oficialmente" —como dijo la seño—, comenzamos a hablar entre todos… cada uno contaba sobre sus hermanitos, si teníamos hermanos mayores o menores, o si alguien tenía ganas de tener uno, como el caso de Lili que todavía no tiene ninguno.

Yo conté sobre Sofía: cómo me enteré que estaba en la panza de mi mamá, cuando pintamos la pieza con mi papá,

la noche que me quedé a dormir en lo de mi tía porque mi mamá y mi papá estaban en el hospital…
Cuando todos ya habíamos hablado, la seño nos contó algo que le pasó a ella cuando era chiquita:

— Cuando yo tenía más o menos los años que tienen ustedes ahora —nos dijo— nació mi hermanito menor. Yo ya tenía una hermana más grande con la que compartía la pieza. Ella siempre me decía lo que tenía que hacer, elegía a qué jugar, ayudaba a mi mamá… A mí no me dejaban hacer nada porque todavía era chiquita. Así que cuando me enteré que iba a tener un hermanito más chiquito me puse re contenta… pensé que lo iba a poder mandar, que me iba a tener que hacer caso en todo y como siempre fui medio mandona —dijo riéndose— eso me ponía re contenta…
A mi mamá le iba creciendo la panza mes a mes y yo cada vez me ponía más ansiosa… Mi mamá me mostraba cómo el bebito daba pataditas, me hacía escuchar los ruiditos que hacía apoyando mi cabecita sobre su panza… me pidió que la ayudara a doblar la ropita que le iban regalando o que aún guardaba de cuando yo era bebé… todo eso me ponía feliz. Yo iba a ser por fin, hermana mayor. Al principio yo quería que fuera una nena porque pensaba que con los varones no se puede jugar a nada…
Finalmente, llegó el día y mi mamá se fue a la clínica con mi papá, y yo y Susana, mi hermana mayor, nos quedamos con mi abuela que por cierto estaba bastante nerviosa. Después de un tiempo que recuerdo como muy, muy largo, sonó el teléfono y mi abuela y Susana se pelearon por atenderlo… pero mi abuela lógicamente lo tomó primero y después de hablar un poquitito nos dijo: "¡Ya nació! ¡Ya nació! ¡Nació Daniel… es un varoncito!".
Esos días que mamá pasó en la clínica la pasamos genial. Mi papá vino un rato por la tarde y nos trajo una muñeca enorme a cada una "departe de Daniel", mis tíos nos

llevaron al teatro y a comer un helado, la hermana de mi abuela nos preparó alfajorcitos con dulce y la abuela nos dejó quedarnos viendo una película en la televisión hasta bastante tarde… y una mañana nos vistieron como para ir a una fiesta. Me acuerdo todavía la colita de caballo que me hizo la abuela y el gran moño rosa que me puso. Y ahí fuimos las dos a conocer a Daniel.

Al entrar a la habitación en donde estaba mi mamá, la encontramos comiendo y el bebito no estaba. Ella nos abrazó muy fuerte y nos dijo que Daniel le había dicho que estaba muy contento por tener dos hermanitas tan grandes y tan lindas como nosotras. Hasta el día de hoy yo me pregunto cómo hizo Daniel para decirle algo si los bebés no saben hablar. Al ratito no más llegó una señora vestida con un delantal rosa y un gorrito divertido y dijo: "¡A salir todos de la pieza que el bebé tiene que comer!". Y sacando de una cuna pequeña y transparente a un bebito re chiquitito todo envuelto en una mantita que no se le podía ver nada, se lo puso encima a mi mamá y nos pidió que nos fuéramos.

¿Pero si habíamos ido a conocerlo? ¿Cómo nos íbamos a ir?

Papá nos hizo salir diciéndonos que íbamos a dejar comer tranquilo a Daniel, prometiéndonos que luego íbamos a poder estar un rato largo con él… y nos llevó a la confitería a tomar una gaseosa. A mí eso ya mucho no me gustó, pero me la tuve que aguantar… ¿Por qué no podía estar en la pieza si era mi mamá y era mi hermanito y yo era su hermana mayor? Después de un rato, cuando mi papá supuso que Daniel ya había comido todo lo que tenía que comer, volvimos a la pieza y ahí sí ya le pudimos ver la cara, tocarle las manitos, darle un beso despacito… Me gustó bastante mi hermanito, no me lo había imaginado tan, tan chiquito. Toda la ropa le quedaba medio grande. Lo que más me gustó era que su piel era muy suavecita… daban ganas de acariciarlo… Llegó el momento de irnos y recuerdo que eso tampoco me gustó nada. Yo quería quedarme con ellos… pero tampoco pudo ser.

El día que mamá llegó con el bebé a casa, también lo recuerdo muy bien. La abuela nos había hecho hacer un cartel enorme que decía "Bienvenido, Daniel", y Susana y yo estábamos nerviosas, esperando que llegaran y ansiosas por mostrar el cartel. Apenas llegaron, mamá se sentó en el sillón con Dani en upa. Yo pensé que me lo iba a dejar tener un poquito… si yo era la hermana mayor… pero no.

— Es muy chiquito todavía… —dijo la abuela—. Vamos, dejemos tranquilos a mamá y Dani que se acomoden y descansen un rato.

Y nos llevó a la cocina. Cada dos minutos, cada vez que decíamos algo, nos decía: "No griten que mamá y el bebé están descansando". Yo quise ir al baño que está enfrente de la pieza de mis papás y no me dejaron… "Andá al de living… no corras, no hagas ruido". ¡Ufff! Qué bronca me daba todo eso. Al final, ¿para qué servía tener un hermanito si estaba todo el tiempo encerrado con mi mamá en la pieza? La verdad chicos —nos dijo— todos esos primeros días con Dani en casa no los pasé muy bien. Pasaron algunos días y mamá de a poquito empezó a estar más tiempo con nosotras, como antes, y llegó el día que por fin nos volvió a llevar ella a la escuela…

Dani siempre dormía, cuando se despertaba lloraba un montón… de día o de noche a él eso no le importaba… cuando dormía no podíamos hacer nada para que no se despertara y cuando estaba despierto estaba o tomando la teta en la pieza de mis papás o le estaban cambiando los pañales. Para lo único que servía la hermana mayor, o sea yo, era para alcanzarle algo a mi mamá o tirar el pañal sucio a la basura. Nada divertido, por cierto.

Pero el tiempo pasó y Dani fue creciendo, cada vez se ponía más gordote y fuerte y cada vez compartía más momentos con nosotros. A él le gustaba mirar mientras jugábamos o comíamos… cuando nuestras miradas coincidían una gran sonrisa le iluminaba toda su cara y su risa me daba unas ganas muy fuerte de abrazarlo. Después, cuando tuvo edad de comer papillas, se ensuciaba toda la cara como un payaso y como mamá le daba una cucharita para entretenerlo, la tiraba para que Susana o yo se la alcanzáramos y se mataba de risa.

Luego aprendió a gatear y más adelante a caminar… y un día empezó el jardín y todos estuvimos orgullosos de verlo con su delantal a cuadritos.

Compartí muchos momentos con él, nos peleamos bastante porque a mí no me gustaba que tocara mis juguetes o mis cosas de la escuela. También vivimos muchos momentos en los cuales nos divertimos mucho. Jugamos incansablemente, le enseñé a contar, muchas canciones, a pegar figuritas en un álbum, a atarse los cordones de las zapatillas…

Hoy Daniel ya es un hombre grande, ya tiene sus propios hijos que son mis sobrinos. Pero para mí siempre va a ser mi hermanito…

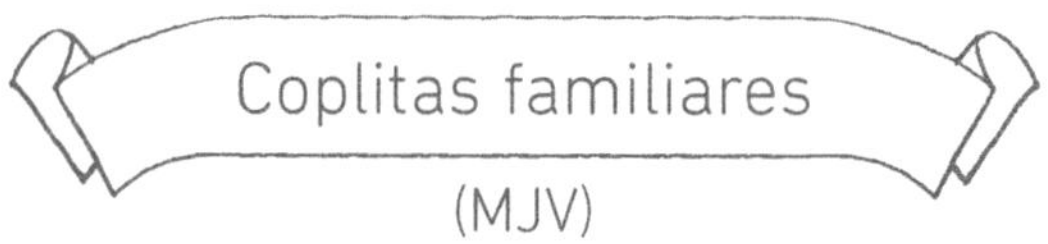

(MJV)

En las tardes del otoño
cuando hace mucho frío
tomo una leche caliente
y le convido a mi tío.

Cuando mi hermanito llora
mamá me pide paciencia
cuando tengo miedo a la noche
yo le pido su presencia.

A la mañana temprano
antes de ir a la escuela
abrazo fuerte a mi abuela…
después de correr un rato
a mi abuelo y a mi gato.

Mi abuela teje que teje
y me quiere regalar
un gorrito abrigadito
para poderme abrigar.

Todas las mañanas
en lo de mi abuela
me visto apurado
para ir a la escuela.

Mi papá me lee un cuento
sentadito en su sillón.
Yo lo escucho muy contento
porque lo quiero un montón.

Recursos para trabajar la aceptación de la diversidad

¿Por qué trabajar la aceptación de la diversidad con los más chiquitos?

Trabajar la aceptación de la diversidad implica la valoración y aceptación de todos y el reconocimiento de que podemos aprender y crecer desde las diferencias. Cuando se trabaja desde muy chiquitos el tema de la aceptación de la diversidad, se prepara a los niños para ser solidarios, valorar y aprender de otros y a ser respetuosos.

Por otra parte, estamos enseñando a utilizar el juicio crítico y previniendo que se tomen decisiones basadas en prejuicios y estereotipos. La aceptación de la diversidad es promotora natural de la convivencia armónica.

Los veinte ratones
(versos populares infantiles)

Arriba y abajo
por los callejones
pasa una ratita
con veinte ratones.

Unos sin colita
y otros muy colones
unos sin orejas
y otros orejones.

Unos sin patitas
y otros muy patones
unos sin ojitos
y otros muy ojones.

Unos sin narices
y otros narigones
unos sin hocico
y otros hocicones.

El patito feo
(cuento de Hans Christian Andersen)

Como cada verano, a la señora Pata le dio por empollar y todas sus amigas del corral estaban deseosas de ver a sus patitos, que siempre eran los más lindos de todos. Llegó el día en que los patitos comenzaron a abrir los huevos poco a poco y todos se congregaron ante el nido para verles por primera vez.

Uno a uno fueron saliendo los seis preciosos patitos, cada uno acompañado por los gritos de alborozo de la señora Pata y de sus amigas.

Tan contentas estaban que tardaron un poco en darse cuenta que uno de los huevos, el más grande de los siete, aún no se había abierto.

Todos concentraron su atención en el huevo que permanecía intacto, incluso los recién nacidos, esperando y esperando para ver cuándo se rompía y nacía el séptimo patito.

Pasado un tiempito más, el huevo comenzó a romperse y de él salió un sonriente pato, más grande que sus hermanos, pero ¡oh, sorpresa!, muchísimo más feo y desgarbado que los otros seis…

La señora Pata se moría de vergüenza por haber tenido un patito tan feo y lo apartó con el ala mientras prestaba atención a los otros seis.

El patito se quedó tristísimo porque se empezó a dar cuenta que era distinto a los demás y que allí, no lo querían.

Pasaron los días y su aspecto no mejoraba, al contrario, empeoraba, pues crecía muy rápido y era flacucho y desgarbado.

Sus hermanos le jugaban pesadas bromas y se reían constantemente de él llamándolo "feo" en lugar de por su nombre.

El patito decidió que debía buscar un lugar donde pudiese encontrar amigos que de verdad le quisieran a pesar de su desastroso aspecto y una mañana muy temprano, antes de que se levantase el granjero, se fue de la granja.

Llegó el invierno y el patito feo casi se muere de hambre pues tuvo que buscar comida entre el hielo y la nieve y tuvo que huir de cazadores que pretendían dispararle.

Al fin llegó la primavera y el patito pasó por un estanque donde encontró las aves más bellas que jamás había visto hasta entonces. Eran elegantes, gráciles y se movían con tanta distinción que se sintió totalmente acomplejado por-

que, por todo lo que había vivido en la granja, él además de creerse feo, se creía torpe. De todas formas, como no tenía nada que perder se acercó a ellas y les preguntó si podía bañarse también.
Los cisnes, pues eran cisnes las aves que el patito vio en el estanque, le respondieron:

— ¡Claro que sí! ¡Eres un cisnecito muy hermoso!

A lo que el patito respondió:

— ¡No se rían de mí! Ya sé que soy feo y desgarbado, pero, por favor, solo déjenme dar un baño con ustedes…
— Mira tu reflejo en el estanque —le dijeron ellos— y verás cómo no te mentimos.

El patito se introdujo incrédulo en el agua transparente y lo que vio le dejó maravillado. ¡Durante el largo invierno se había transformado en un precioso cisne! Aquel patito feo y desgarbado era ahora el cisne más blanco y elegante de todos cuantos había en el estanque.

Uno larguito
Dos más bajitos
Uno chico y flaco
Y otro gordito
Los dedos de la mano.

Recursos para trabajar el cuidado del medio ambiente

¿Por qué trabajar el cuidado del medio ambiente con los más chiquitos?

Los adultos tenemos la obligación de transmitirle a nuestros niños que el lugar en el cual todos vivimos, nuestra Tierra, es un lugar hermoso que nos regala sus más bellos paisajes y pone a nuestra disposición valiosos recursos que no solo nos permiten vivir, como el agua, sino que hacen nuestra vida mucho más placentera. La naturaleza toda convive para el bienestar de las personas.

Las personas, por nuestra parte, tenemos la difícil pero hermosa tarea de cuidarla, protegerla y respetarla. Para nosotros los grandes, los problemas de nuestro planeta no son un fenómeno nuevo, en cuanto que mientras van pasando los días de nuestra existencia, vemos con asombro cómo va respondiendo la naturaleza por las acciones directas del hombre: la destrucción de los bosques, la extinción de especies, la contaminación del agua, el ruido ambiental, etc. han comenzado a tratarse universalmente como verdaderos problemas a enfrentar y resolver.

Si los adultos transmitimos comprometidamente este mensaje urgente sobre la necesidad de cuidado del planeta, los niños lo incorporarán en forma natural y las futuras generaciones crecerán con una mayor conciencia ecológica, aprendiendo a respetar y a cuidar cada bien y entendiendo que el destino de la "casa grande" está en las manos de todos.

Blablablabla...

(adaptación libre del cuento de Liliana Ferreirós)

—¡Mamaá! No se puede cruzar, ¿no ves que está el semáforo en rojo? —grité cuando vi que mi mamá se mandaba con cochecito y todo—.

—Bueno, Juanchi, pero no viene nada, podemos cruzar…

—No, mami, la seño nos enseñó que si está en rojo no se cruza. ¿No ves que puede venir un auto muy rápido? ¡No… yo no cruzo hasta que no se ponga en verde!

—Bueno, está bien, esperemos… —dijo mamá—. Tenés razón… hay que cruzar cuando esté en verde…. ¡qué bueno que la señorita les enseñe a cuidarse en la calle! Es verdad, si todos tuviéramos más cuidado, habría muchos menos accidentes…

—Sí, eso dice ella y nos dijo que mañana vamos a pensar cómo cuidar el lugar en el cual vivimos, nuestro planeta, la Tierra, porque dice que eso también es muy importante…

—¡Y tiene mucha razón! Es un tema muy interesante y fundamental. Las personas no nos damos cuenta a veces de cuánto mal le hacemos a nuestro planeta y cómo todo ese mal que le hacemos luego se vuelve contra nosotros…

— Pero, ¿por qué mamá? ¿Qué hacemos tan mal? ¿Qué nos puede pasar? —le empecé a preguntar bastante asustado—.

— No es para asustarte —dijo mamá mientras me tomaba la mano para cruzar la calle—, pero es hora de que empecemos a ocuparnos de estos temas. Por ejemplo, ¿viste lo de esas lluvias tan fuertes del otro día?

— Sí —contesté—.

— Bueno, antes, cuando yo era chiquita como vos, no había esas tormentas así de fuertes o, si había, era una muy, muy de vez en cuando. Hoy son cada vez más seguidas… el clima cambió… y cambió porque las personas hicimos muchas cosas que no tendríamos que haber hecho…

— ¿Cómo qué?

— Como talar (cortar) miles de árboles en las selvas… También, hay otros problemas como el derroche del agua tan necesaria para vivir…

— Ah, por eso el abuelo siempre me dice que cierre bien la canilla…

— Claro, o el de la electricidad, cuando dejamos las luces prendidas sin necesitarlas… También está el tema de la contaminación…

— ¿Qué es eso?

— Es la presencia en ciertos lugares de nuestro planeta de elementos que hacen mal a las personas, a los animales y a las plantas… Por ejemplo, si se tira basura a los ríos, estos se ensucian, se contaminan y, entonces, los peces se mueren y el agua no sirve para poder beberla… o si los autos o colectivos expulsan muchos gases tóxicos es el aire el que se contamina, y nos cuesta más respirar o es más fácil que nos enfermemos. Sí hay mucho ruido, las personas, sin darnos cuenta, comenzamos a sentirnos mal, a perder el sentido del oído… a estar molestos… ¿Querés que te cuente lo que una vez me contó mi amiga Liliana sobre una nena que, de tanto ruido que oía, dejó de escuchar las cosas más lindas de la vida?

— ¡Sí, dale! ¿Cómo se llamaba esa nena? ¿Qué le pasó?

— Resulta que a Julia, la de los cachetes rojos y el cabello largo y dorado, en la fiesta de cumple de Macarena un ruido muy ensordecedor y crispado que salió a todo volumen del equipo de música, se le metió adentro.

Le entró por sus orejitas y por su piel, envuelto en luces de colores y burbujas de jabón que volaban por aquí y por allá.

Para peor, cuando salió a la calle, también se le metieron adentro los bocinazos de los colectivos, las frenadas de los autos, el ruido de los motores y los gritos de la gente.

Apenas abrió la puerta de su casa, Julia vio cómo los chillidos del televisor y el alboroto de su hermanito que estaba jugando a ser un superhéroe se le echaban encima.

Entonces, el mundo empezó a ser para ella una película en la que blablablabla, crash, pun, cccruuuchiiiiiiiiiiiiiiiii, y más blablablabla, crash, pun, cccruuuchiiiiiiiiiiiiiiiii… ¡nadie escuchaba a nadie!

Atrapada entre tanto ruido, ella no podía oír tampoco las palabras tibias, lentas y precisas que buscaba su corazón.

Entonces, entró en su cuarto, se sentó en el piso, y trató de escuchar los sonidos del silencio.

Pero apenas lo intentó, los ruidos que tenía adentro empezaron a hacer un lío tremendo. Como si un montón de cachibaches se cayeran o se corrieran de lugar. ¡Así estaba su cabeza!

Julia estaba a punto de resignarse —y hubiera perdido la batalla contra el ruido— si no fuera por aquel gorrión que fue a posarse a su ventana.

Primero solo reconoció el movimiento rápido de su pico y de sus alas.

Un día.

Dos.

Al tercero, le clavó firme la mirada y le pareció escuchar un canto lejano.
Los ruidos se alborotaron, para que no oyera.
Pero Julia insistió.
Al cuarto día, el canto se hizo más nítido, más claro.
Y Julia sintió de repente que una lluvia de gorjeos de pajaritos le bañaba el alma.
Los ruidos se apelotonaron para hacerse más fuertes todavía y no dejarla escuchar, pero los cantos estaban cada vez más cerquita.
Entonces, ella, con esfuerzo, empujó y arrinconó a todos los ruidos que tenía en su cabeza y finalmente todos empezaron a desaparecer, poquito a poquito…
Julia buscó miguitas de pan y las dejó sobre la mesa.
Cuando el gorrión vino por ellas, ella vio cómo con él entraban un montón de otros pájaros cantando.
Detrás venían las voces del viento, el sonido del agua y también el silencio.
En el silencio aprendió muchas cosas.
Descubrió tonos inimaginables, susurros suaves, transparentes… y recuperó el valor de muchos sonidos olvidados.
Hizo un espacio muy grande adentro suyo.
Las nuevas voces, como un ejército dispuesto a levantar un muro invencible, llenaron ese hueco.
Y fue entonces cuando comprobó lo hermoso que puede ser el silencio cuando nos permite descubrir nuevos sonidos, escuchar el canto de los pájaros y nuestra propia voz.

— ¡Qué lindo, mami! A mí a veces tampoco me gusta cuando hay mucho ruido. ¿Se lo puedo contar mañana a la seño y a los chicos?
— Sí, Juanchi, claro que sí ¿te lo vas a acordar?
— Mmmm… sí —le dije, no muy seguro—, mejor a la noche, contámelo otra vez, ¿dale?

Playa sucia
(cuento en verso de MJV)

Pasó una vez que Martín
un papelito tenía
y tan descuidado era
que casi sin darse cuenta
en lugar de usar un cesto
dejó caer a la hojita
cerca del agua costera.

El papelito travieso
con otros se fue a jugar
y fue buscando y buscando
hasta llegar a encontrar
otros papelitos sueltos
que el viento quiso agrupar.

Todos los papelitos juntos
formaron una pelota
y al agua quisieron ir
a jugar con las gaviotas

Ya estando en la playa vieron
todo tipo de basura
tapitas, cartones rotos,
botellitas de colores
palitos sucios de helados,
pedacitos de alfajores…

Rodando y siempre rodando
para llegar a la mar
la pelota que les cuento
se agrandaba más y más
y desecho más desecho
al agua al fin fue a parar.

Pero enseguida las aves
bichos, peces y demás
levantaron una queja
que hasta el sol hizo temblar
tan fuerte gritaron todos
que el niño llegó a escuchar.

Corre Martín a la orilla
a recoger la pelota
¡que no se ensucie la agüita!
¡que no lloren las gaviotas!
que los peces se agitan
y la playa se alborota.

El cielo
(MJV)

El cielo se ha contaminado
Quién lo descontaminará
El buen descontaminador que lo descotamine
Buen descontaminador será.

Tula tala
(MJV)

Si Tula tala los tilos
Sin tilos se queda Tula.

Qué linda mañana

(popular)

¡Qué linda mañana la de esta mañana!
Si todas las mañanas
fueran como la de esta mañana,
¡Qué linda mañana
sería la de la mañana a la mañana!

Río sucio

Sucio el río ha quedado,
sucio el río ensuciado.

Recursos para trabajar la prevención de adicciones

¿Por qué trabajar la prevención de adicciones con los más chiquitos?

El tema de la conducta adictiva es parte de la realidad social que nos toca vivir. Los adultos sabemos que por distintas circunstancias y variables podemos caer en realidades sumamente dolorosas en la cuales la dependencia a sustancias, situaciones, actividades, personas, etc. obstaculiza la calidad de nuestras vidas hasta un nivel tal que, en no pocos casos, se pierde el significado de la propia existencia, la identidad o la propia vida.

En los niños más pequeños la prevención de las adicciones supone la promoción de saberes, valores y actitudes que ayuden a construir el concepto de una vida saludable, la comunicación eficaz y la expresión de sentimientos y emociones.

Es importante que los niños y niñas, desde sus primeros años de vida, vayan conociendo cómo es el vínculo que entablan no solo con las personas que los rodean, sino también con las cosas, en qué forma las utilizan, los beneficios o perjuicios que les trae su contacto con ellas, la necesidad o no de limitar sus usos, la relación con el consumo, etc.

¡Por hoy basta de jueguitos!
(cuendo de MJV)

Tal como habían quedado mi mamá con la mamá de Gulle el viernes a la tarde, fuimos con ella y Sofía a conocer a Valentina. Llegamos a su casa con un regalito para cada uno, como dijo mamá: "Uno para Valentina para que sepa que le damos la bienvenida y que estamos muy contentos de que ya está entre nosotros y otro para Guille para felicitarlo porque ahora es el hermano mayor". También mamá llevó una bolsa con ropa que, según dijo, Sofi había dejado casi nueva y seguramente Valentina iba a poder aprovechar.

Después de todos los saludos, la entrega de regalos y de que mi mamá tuviera un ratito a upa a la nueva bebé, Guille y yo queríamos ir a jugar a la pieza, pero mi mamá no estaba muy segura de dejarme quedar a jugar un rato, tenía miedo que hiciéramos mucho lío y molestáramos a la bebita o a su mamá que también necesitaba descansar.

— Que venga Guille a jugar a casa —le dijo a su mamá—, después yo te lo traigo no te preocupés.

— Pero no me molesta para nada que se quede, Juanchi, no te hagas problema… Ellos juegan en la pieza, igual Valentina una vez que se duerme no la despierta nada… —se rió—.

A nosotros nos daba igual en qué casa jugar, solo queríamos hacerlo. En realidad, yo prefería quedarme en lo de Guille porque me gustan mucho los jueguitos que tiene, y como hay una tele en su pieza y otra en el living, podemos jugar todo lo que queremos sin que nadie nos diga nada.

"Bueno, te lo dejo un ratito", dijo mi mamá y dándonos un beso a cada uno, me dijo: "Ojo, Juanchi… nada de hacer lío… hacele caso a Malena", refiriéndose a la mamá de Guille, "y ni se te ocurra molestar para nada a la bebé, mirá que es muy chiquitita y necesita estar tranquila".

— Sí, mami —le dije yo que me sabía de memoria las recomendaciones que me daba mamá cuando me quedaba a jugar en la casa de algún amigo—.
— Lo vengo a buscar en una hora ¿te parece?
— ¡No! ¡Una hora es muy poquito! —dijimos Guille y yo—.
— Hagamos algo —dijo Malena—, déjalo a cenar con nosotros total mañana es sábado. Cualquier cosa si él se quiere ir antes o hay algún problema te llamo para que vengan a buscarlo.

Mamá dudó…

— ¡Sí, mami, porfi, porfi, porfi, porfi! —dije yo—.
— Sé buenita —agregó Guille, regalándole su mejor sonrisa—.
— Nos vamos a portar re bien —agregué por las dudas que esa afirmación pudiera definir la situación—.

Y parece que así fue, porque mamá aceptó dejarme y en menos de cinco minutos estábamos los dos jugando frente al televisor.

Primero jugamos a las carreras de autos… luego a que é-
ramos jugadores de tenis… y más tarde a la del muñequi-
to que tiene que ir sorteando distintos obstáculos para
poder llegar al castillo encantado…

— Chicos, ¿no quieren jugar a otra cosa? —preguntó, entonces, Malena—, me preocupa que estén tanto tiempo
pegados al televisor…
— ¡No! —dijimos los dos—. Estamos bien así.

Seguimos jugando y tocó el turno al partido de fútbol,
que es mi favorito…

— Chicos —otra vez Malena—, ¡lávense las manos y ven-
gan que está la cena!
— ¡No! Ahora no podemos —gritó Guille—.
— ¿Cómo no pueden? ¡Vengan inmediatamente que ya
la sirvo!
— ¡No! —volvió a gritar Guille—. ¡Cuanvdo termine el
partido!
— Guille no me hagas ir a buscarte… vengan a comer ya.
— ¡Noooooooo! —volvió a decir Guille—. Hasta que no
termine el partido no vamos.

Yo la verdad ya me estaba poniendo medio nervioso… podíamos dejar de jugar un ratito y después de comer se-
guíamos… pero no le quería decir nada a Guille para que
no se enojara, parecía como que Guille no podía parar de
jugar…
Seguimos jugando unos minutos más cuando entró a la
pieza el papá de Guillermo. Sin decir absolutamente nada, apagó la tele y cuando ya se estaba yendo de la pieza se dio vuelta y nos aclaró: "En menos de dos minutos
los quiero a los dos sentados en la mesa y con las manos
bien limpias".
Guille se puso a llorar como un loco.

— Yo no voy nada, hasta que no termine el juego no voy —decía entre llantos—.

— Pero si tu papá ya apagó la tele, ya no podemos seguir con el mismo partido… vamos —le dije tratando de convencerlo porque no quería líos—.

— ¡Te dije que no voy, Juanchi! —dijo sentándose en la cama con los brazos cruzados—.

Yo no sabía qué hacer… si iba, Guille se iba a enojar… y si no iba, el papá y la mamá nos iban a retar…

Estaba pensando en qué hacer cuando el papá volvió a la pieza y me dijo muy tranquilo: "Juanchi, lavate las manos y andá a la mesa y esperá ahí a Guille, que él ya va…".

Yo lo miré a Guille que seguía muy enojado llorando en la cama como diciéndole: "Voy, no me queda otra y salí de la habitación con dirección al baño".

El papá cerró la puerta de la habitación así que no pude escuchar nada de lo que pasó. Solo sé que al ratito de estar sentado en la mesa, justo cuando Malena iba a servir los fideos, Guille se sentó en su lugar y ya no parecía tan enojado.

Cuando terminamos de cenar con el postre y todo, Malena nos dijo:

— Chicos tienen un poquito más de tiempo para jugar, en una hora viene el papá a buscar a Juanchi. Aprovechen este rato pero no prendan la tele. Ya viste Juanchi, cuando Guille empieza con los jueguitos le cuesta mucho dejar de jugar y tiene que aprender a poder hacerlo sin enojarse. Hay muchos otros juegos a los que pueden jugar. Por hoy basta de jueguitos, ¿está claro?

¡Otro más!
(verso corto de MJV)

Un caramelo más
porfi, mamá
¡otro más!
¡otro más!
¡otro más!
¡no puedo parar…!
Y si no lo como
tristeza me da.